DER GRÜNE MAX

Deutsch als Fremdsprache
für die Primarstufe

Arbeitsbuch 1

Elżbieta Krulak-Kempisty
Lidia Reitzig
Ernst Endt

Langenscheidt
Berlin • München • Warschau • Wien • Zürich • New York

Von Elżbieta Krulak-Kempisty, Lidia Reitzig und Ernst Endt

Redaktion: Barbara Urbańska
Layout: Studio Full Scan, Kielce
Illustrationen und Umschlaggestaltung: Teresa Zalewska/Hoya

DER GRÜNE MAX

Deutsch als Fremdsprache für die Primarstufe

Materialien:

Kursbuch 1	ISBN 978-3-468-98820-2
Arbeitsbuch 1 (mit eingelegter CD)	ISBN 978-3-468-98821-9
CD zum Kursbuch und Arbeitsbuch 1	ISBN 978-3-468-98823-3
Lehrerhandreichungen 1	ISBN 978-3-468-98822-6

Druck: Wojskowa Drukarnia w Łodzi Sp. z o.o.
Printed in Poland • ISBN 978-3-468-98821-9

Inhaltsverzeichnis

Arbeitsbuch

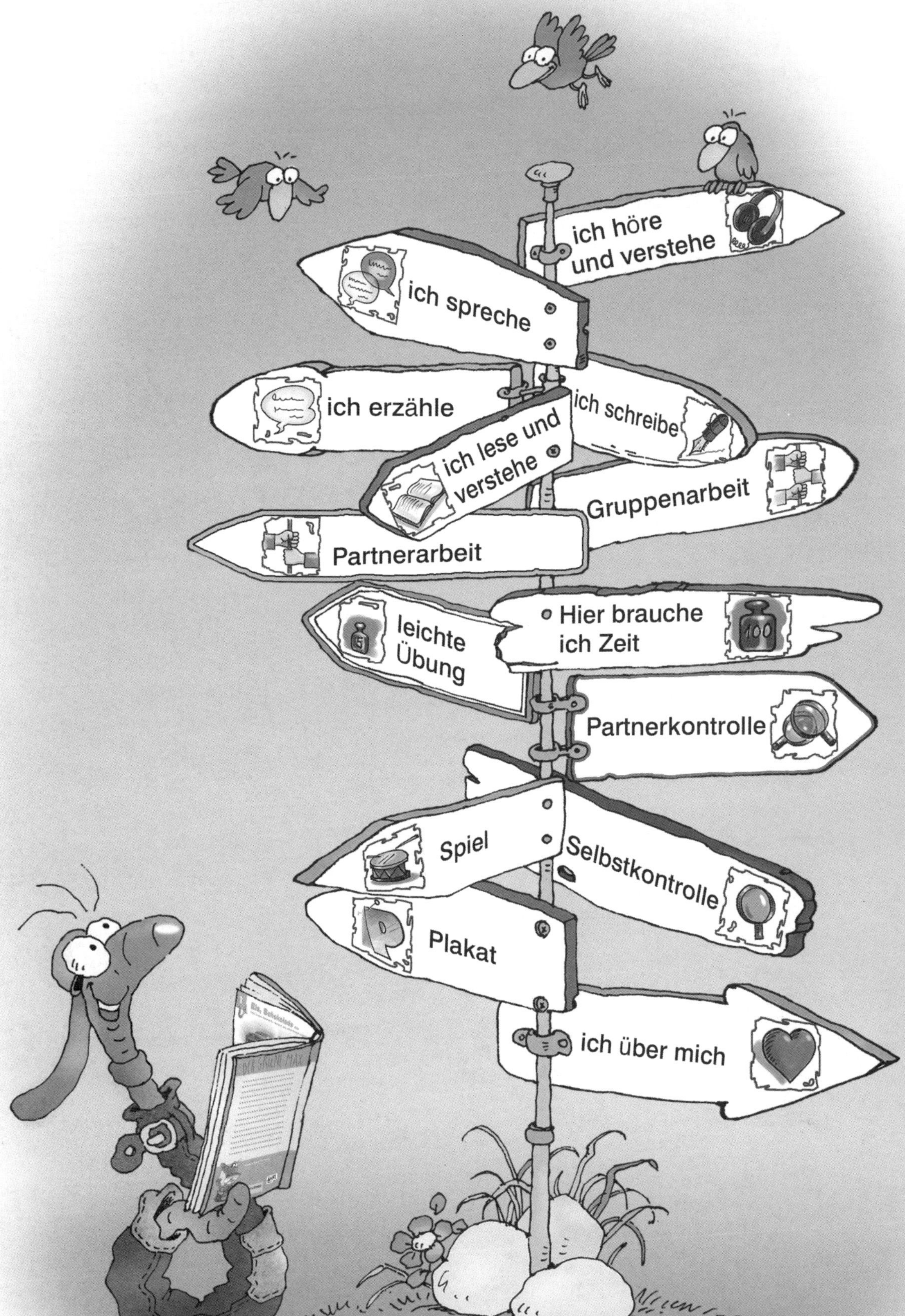
ich höre und verstehe
ich spreche
ich erzähle
ich schreibe
ich lese und verstehe
Gruppenarbeit
Partnerarbeit
leichte Übung
Hier brauche ich Zeit
Partnerkontrolle
Spiel
Selbstkontrolle
Plakat
ich über mich

Eis, Schokolade ...

Ich kann deutsche Namen erkennen.

Übung 1 *Wie klingen für dich deutsche Wörter? Verbinde.*

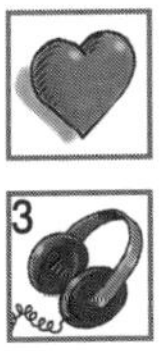

Schöller **Haribo** **Signal** **Kinderüberraschung**

Kaffee **BMW** **UHU** **Müsli** **Joghurt**

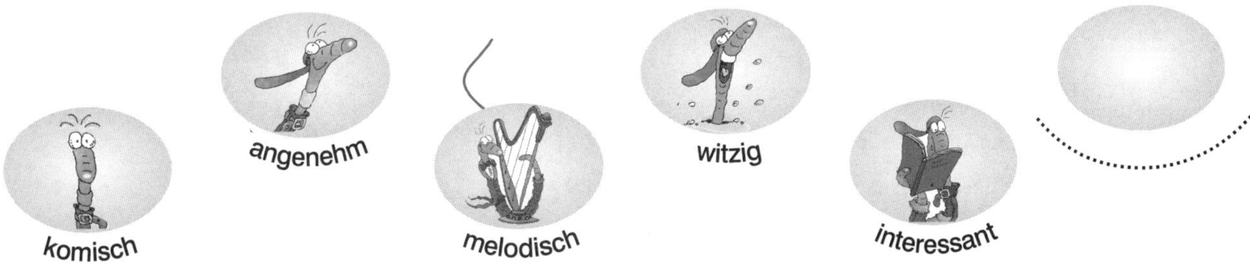

Übung 2 *Zeichne.*

Kinderüberraschung	Kaffee	Schokolade
Joghurt	Shampoo	Auto

Übung 3 *Was passt zusammen?*
Schneide aus und klebe in dein Heft ein.

land	Kinder	Mozart	li	über	Müs
Ha	raschung	kugeln	ribo	Hoch	

Übung 4 *Was passt zusammen?*

Autos

....
....
....

Süßes

....
....
....

Schokolade
Müsli Eis Tee
Kaffee Joghurt Persil
Aspirin Volkswagen
BMW UHU

Trinken

....
....
....

Essen

....
....
....

Andere

....
....
....

Übung 5 *Ergänze die Buchstaben.*

S _ _ o _ _ _ a _ e E _ s

V _ _ k _ _ _ _ g _ n

J _ _ h _ _ _ K _ f _ e

K _ _ _ e _ ü b _ r _ _ _ _ _ _ _ u _ g

Mache eine ähnliche Übung für deinen Partner.

Ich heiße ...

Ich kann grüßen und mich vorstellen.

Übung 1 *Finde Wörter und Sätze.*

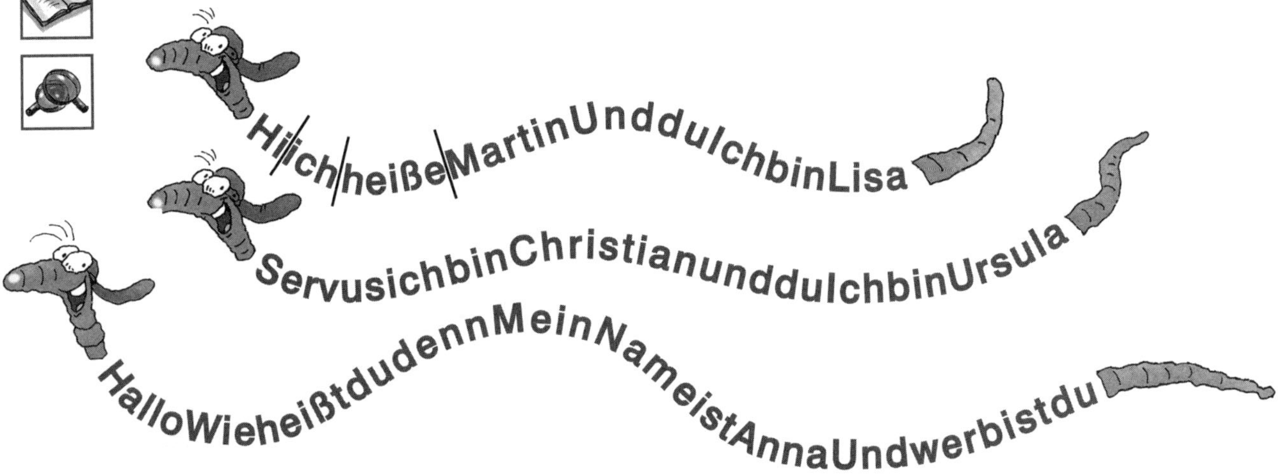

Lest die Gespräche mit verteilten Rollen.

Übung 2 *Verbinde die Sätze zu einem Gespräch.*

- Hallo!
- Hi!
- Wer bist du denn?
- Ich heiße Olaf. Und du?
- Mein Name ist Martin.

Lösung auf Seite 8

Übung 3 *Bilde Sätze.*

heißt / du / Wie / ? ....

Marcel / Ich / heiße / . ...

bist / du / Wer / ? ....

dein / Name / Wie / ist / ? ....

Name / ist / Mein / Uwe / . ...

Übung 4

Ergänze.

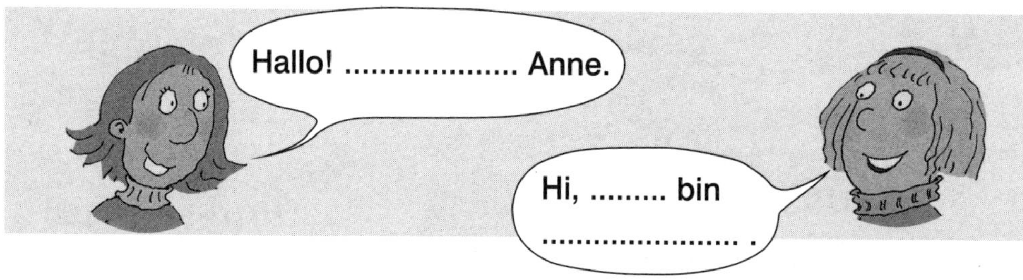

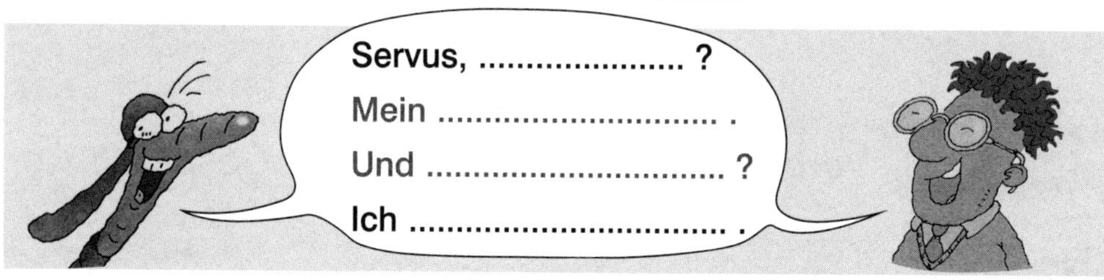

Übung 5

Was sagen die Kinder?

Mögliche Lösungen

Übung 6

Zeichne Bilder.
Beachte die Tageszeit und wer spricht.

- ● Guten Tag!
- ■ Guten Tag!
- ● Mein Name ist Walter Schmidt.
- ■ Ich heiße Maria Bayer.

- ● Guten Morgen, wie heißen Sie?
- ■ Guten Morgen, ich bin Martin Weber. Und wer sind Sie?
- ● Mein Name ist Hanna Dierksen.

- ● Frau Fischer? Ich bin Karl.
- ■ Morgen, Karl!

- ● Hallo, Jorgo!
- ■ Guten Abend, Herr Meier!

Übung 7

Finde Wörtergruppen. Male sie aus, klebe sie in dein Heft.

heiße · mein Name · ich · Sie · heißt · heißen · dein Name · Ihr Name · bin · bist · du · sind

Paul, Anne, Julia ...

Ich kenne deutsche Mädchennamen und Jungennamen.

Übung 1

Ergänze die Namen der Mannschaften.

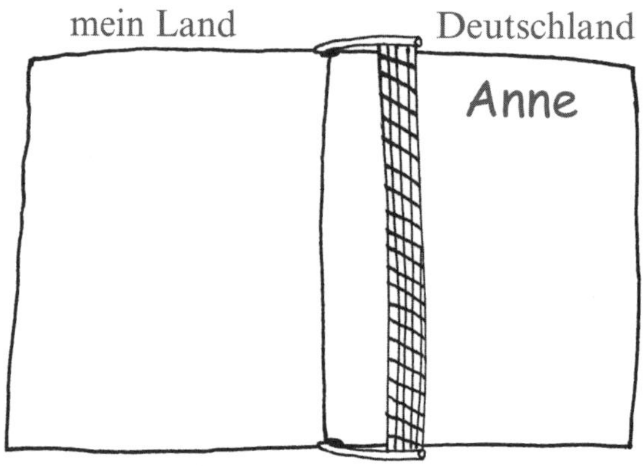

Volleyball = je 6 Spieler

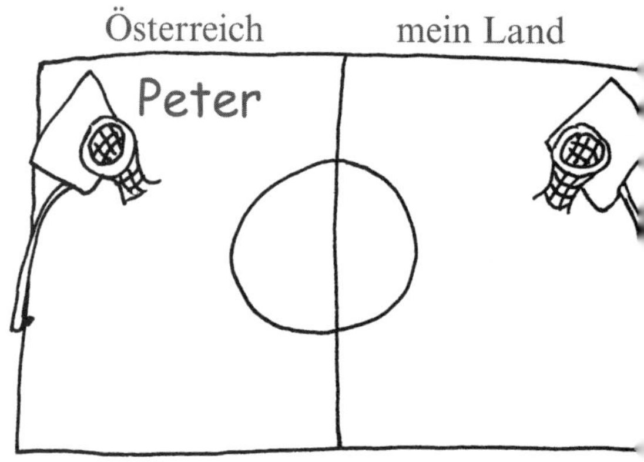

Basketball = je 5 Spieler

Übung 2

Verbinde die Namen.

Chris	Ke	Maxi	Flo	To	Ma	Vanes	Lau	Le	Mar
bias	ria	tian	milian	vin	rian	ra	sa	cel	on

Übung 3

Summe einen Vornamen. Die anderen raten.

Katharina

Übung 4

Bastle deinen Regenwurm. Macht eine Ausstellung.

Mein Regenwurm heißt ....

ABC ...

Ich kenne das deutsche ABC.

Übung 1 *Ordne die Vornamen nach dem ABC.*

Übung 2 *Was ist das? Verbinde die Punkte nach dem ABC.*

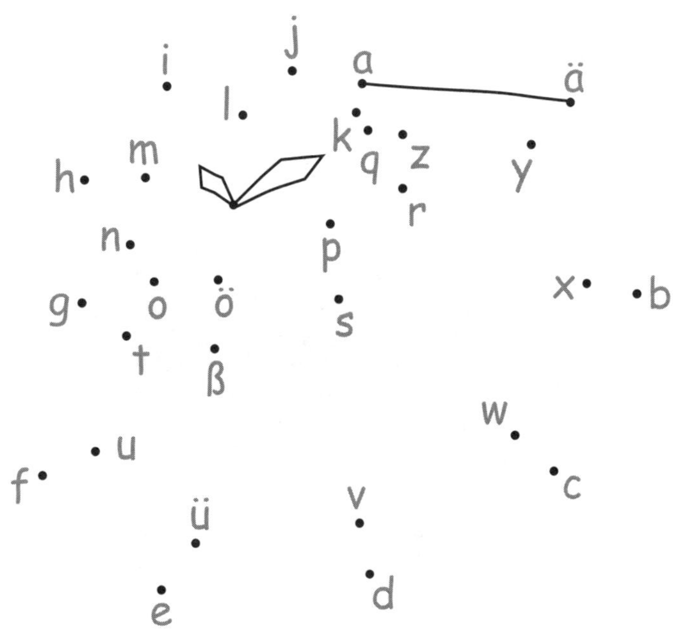

Übung 3 *Buchstabiere, dein Partner schreibt auf.*

Möller, Mädchen, heiße, Jorgo, grüßen, Max

5 Sprachdetektiv – Lesen

Ich kann beim Lesen schon viel verstehen.

Übung 1 Diese Wörter gibt es in vielen Sprachen.

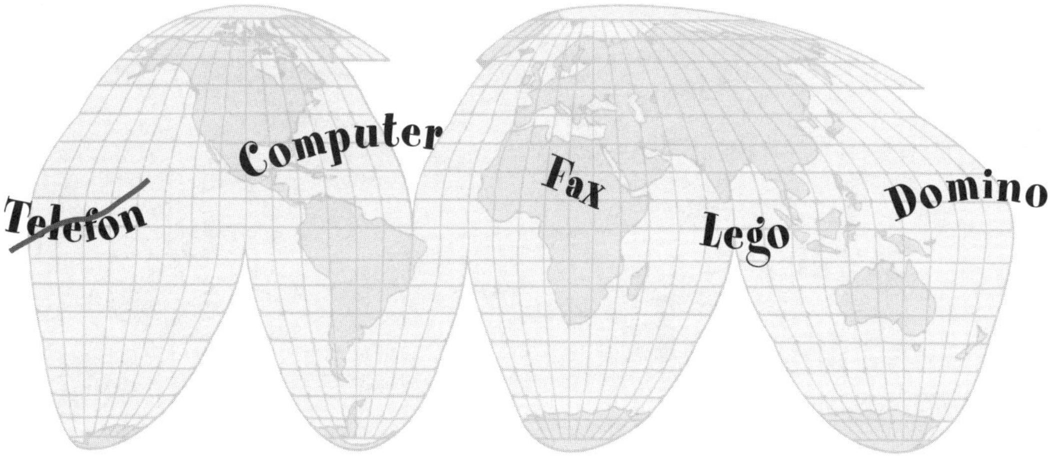

Kennst du noch mehr?

Telefon, ...

Übung 2 Was ist das Thema hier?

Welche Wörter kennst du? Markiere.

LEBEN IM EIS DER ANTARKTIS

Die Antarktis besteht fast nur aus Eis. Für Menschen ist es hier einfach zu kalt. Trotz des eisigen Klimas ist die Antarktis jedoch nicht tot. Zahlreiche Tiere haben es geschafft, sich der extremen Kälte anzupassen und selbst bei mehr als 40 Grad minus zu überleben.

(Kinder Journal, 2/2001)

Thema: ....

....

ich verstehe: ....

....

....

Der größte Elefant der Welt kokettiert mit 7 Tonnen Gewicht, 3,50 Meter Größe und 1,80 Meter langen schneeweißen Stoßzähnen. Zusammen mit den Elefantendamen BARA und DEHLI wird er diesmal „drunter und drüber" beweisen, dass er trotz seines kolossalen Gewichtes ganz leichtfüßig sein kann. Denn wie heißt es so schön? „Big ist beautiful".

(Circus Krone)

Thema: ....

....

ich verstehe: ....

....

....

Sprachdetektiv – Hören

Ich kann beim Hören schon viel verstehen.

6

Übung 1

Was hörst du? Markiere.

14

Rollenspiel

Lena

Kind

du

ich

heißt

Deutsch

Name

Übung 2

Was hörst du? Zeichne. Wie viele Punkte hast du?

15

1	 2	3	4
5	6	7	

eine Zeichnung = ein Punkt

meine Punktzahl:

....

MEINE STÄRKEN

Partnerspiel

S. 87

Male nach jeder Runde die Spielfelder aus.
Was kannst du wie gut? Dein Partner hilft dir.

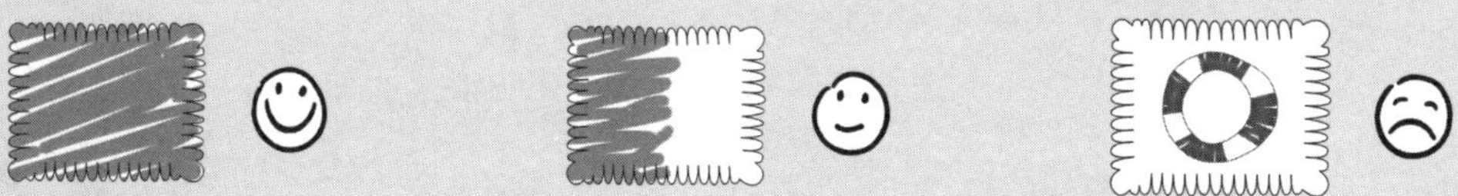

Ich kann grüßen und mich vorstellen.

S. 76

Spielt diese Szenen.

① Junge – Mädchen

② Junge – Mann

③ Frau – Mann

Ich kann Abzählreime aufsagen.

S. 76

Paul, Pauline,

...

Ich und du,

...

MEINE STÄRKEN

Ich kann beim Lesen schon viel verstehen.

Wie heißt das Fach?

Mein liebster Schultag
Donnerstag ist super! Da sind wir immer mit Herrn Koch in der Halle und trainieren. Die Mädchen spielen Fußball, wir Jungs spielen Volleyball. Das macht mehr Spaß als Lesen und Schreiben!

Bio | Mathe | Sport | Deutsch

S. 77

Ich kann beim Hören schon viel verstehen.

19

Wo sind diese Leute? Hör zu und nummeriere.

☐ in der Schule
☐ im Kaufhaus
☐ am Bahnhof
☐ in der Kirche

S. 77

Ich kann buchstabierte Wörter notieren.

Buchstabiere einen Ländernamen.
(Lehrbuch, Seite 21)

Dein(e) Partner(in) notiert.

Schreibe einen Ländernamen auf.

Dein(e) Partner(in) buchstabiert.

S. 77

MEINE STÄRKEN

Meine Übung

Wählt eine Übung und macht eine ähnliche für andere.

- **Satzsalat**
  (Wie die Übung 3, S. 7)
- **Wortteile verbinden**
  (Wie die Übung 2, S. 10)
- **Wörterschlange**
  (Wie die Übung 1, S. 7)

Tauscht eure Übungen untereinander aus. Viel Spaß!

Buch, Heft, Kuli ...

Ich kann meine Schulsachen auf Deutsch nennen.

Übung 1 *Zeichne drei ähnliche Wortbilder.*

Übung 2 *Memo-Spiel: Was passt zusammen?*

91

das Heft		der Kuli	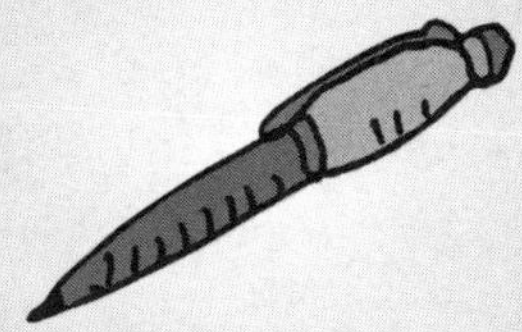
die Schere		die Mappe	
der Rucksack		der Farbstift	
das edermäppchen		der Radiergummi	

Mache dein Memo-Spiel mit anderen Wörtern. Viel Spaß!

Wo ist die Kreide?

Ich kann wichtige Sachen für den Unterricht nennen.

Übung 1 *Suche noch sieben Wörter zu den Bildern.*

B	H	C	R	T	B	V	L	S
D	L	Z	A	K	I	W	I	P
S	Y	E	V	A	L	Z	U	I
C	B	R	I	S	D	K	A	T
H	U	T	K	S	N	U	R	Z
E	C	Q	Z	E	T	L	C	E
R	H	E	O	T	E	I	M	R
E	Z	S	R	T	H	E	F	Q
D	L	I	N	E	A	L	W	T

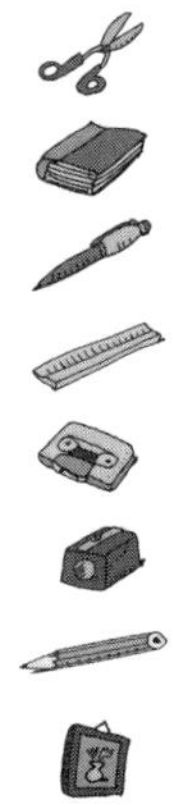

die Schere ....

....

....

....

....

....

....

....

....

Übung 2 *Domino: Schneide aus und spiele.*

Start	der Projektor	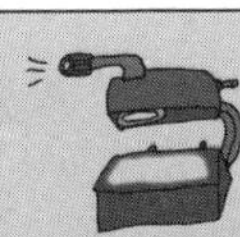	der Radiergummi
	das Lineal	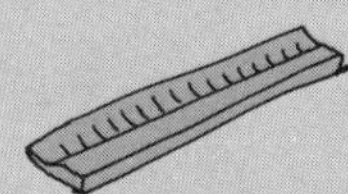	der Rucksack
	die Mappe		der Tesafilm
	der Spitzer		die Klebemasse
	der Farbstift	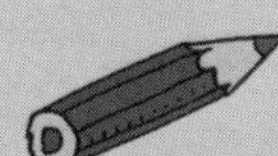	das Deutschbuch
	die Kreide		das Federmäppchen
	der Tintenkiller	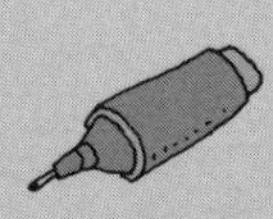	der Textmarker
	die Kassette		der Ordner
	die Tafel	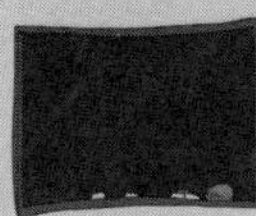	die Schere
	der Füller	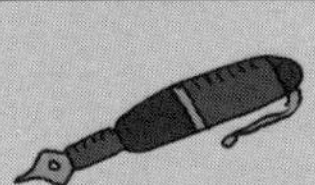	der Klebstoff
	der Discman	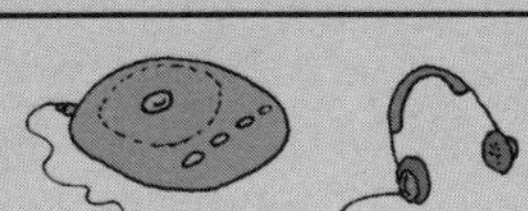	**Ziel**

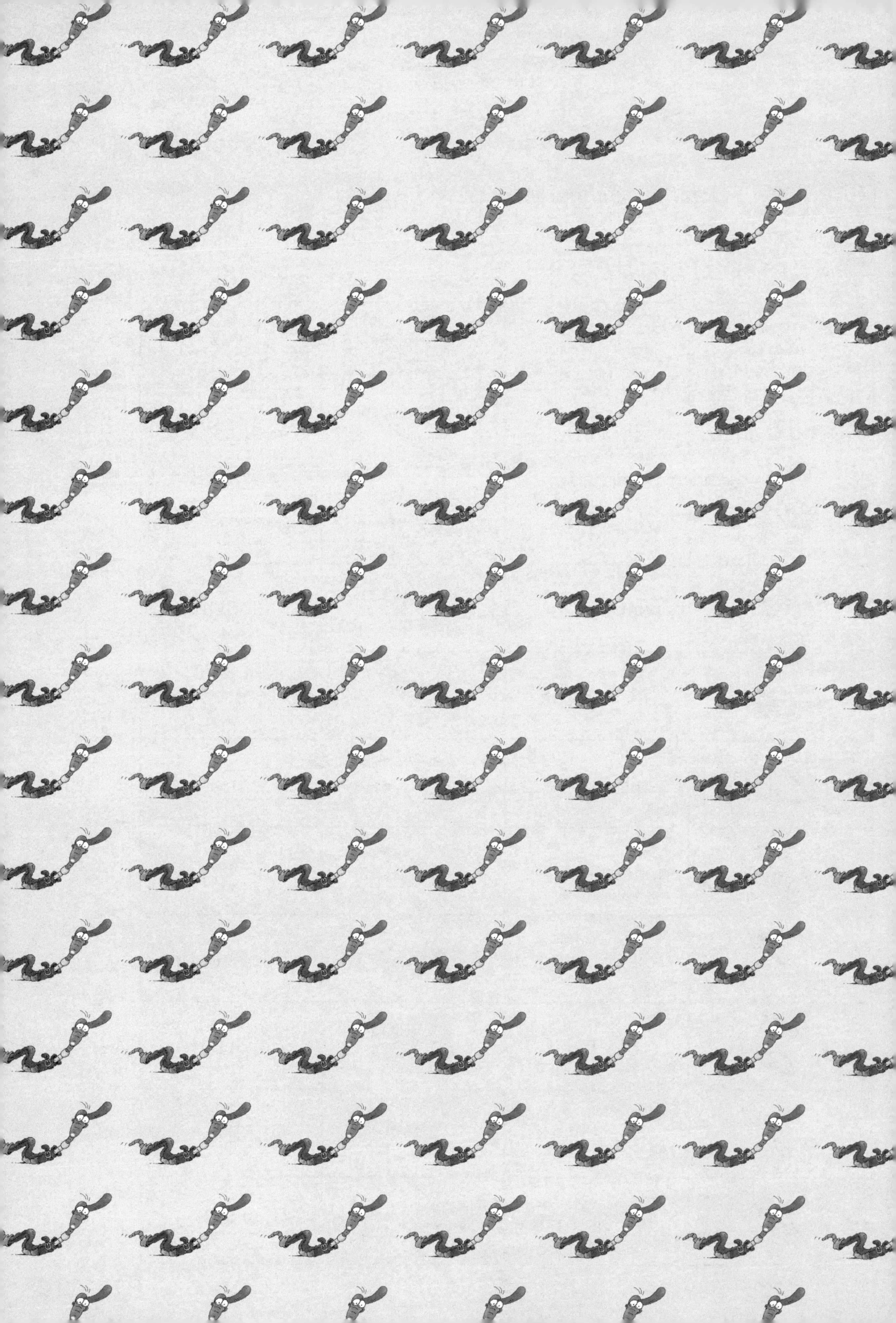

Übung 3 *Erkennst du diese Sachen?*

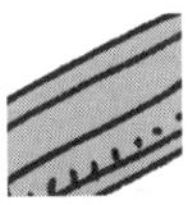

Ein Farbstift oder ein Kuli?

Das ist kein Kuli. Das ist ein Farbstift.

Ein Heft oder eine Mappe?

....

Eine Schere oder ein Tesafilm?

....

Ein Federmäppchen oder ein Rucksack?

....

**Zeichnet in jeder Gruppe vier ähnliche Bilder.
Tauscht sie untereinander aus.**

Sprechen, Lesen, Malen ...

Ich kann über mich sprechen.

Übung 1 *Was passt? Ergänze.*

Ich ...

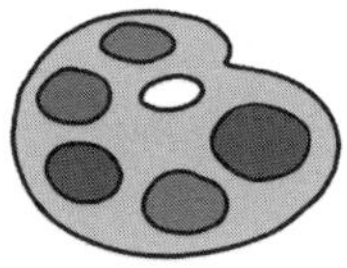

...Ich mal**e** ein Bild.

................**e** ein Buch.

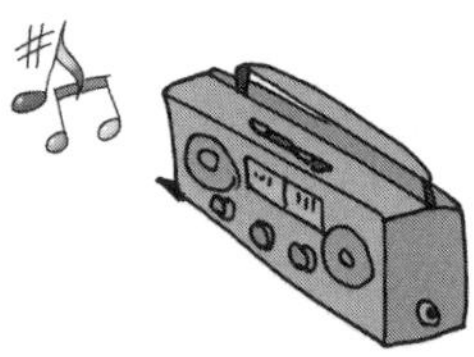

................**e** Musik.

................**e** Domino.

les
sing
sprich
~~mal~~
lern
hör
spiel
schreib

Du ...

................**st** ein Lied.

................**st** Deutsch.

................**st** Englisch.

................**st** ins Heft.

Übung 2 *Bastle ein Gespräch und ergänze die Lösung.*

(I) **Ja, ich bin Florian. Wer bist du?**

(A) **Ich schreibe die neuen Wörter ins Heft.**

(D) **Was machst du da gerade?**

(N) **Ich heiße Linda.**

(L) **Hi, du bist neu hier, oder?**

Die Lösung heißt: L _ _ _ _

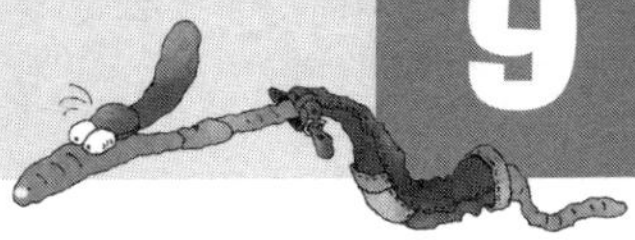

Übung 3 *Im Deutschunterricht: Schreibe und zeichne.*

Ich ......spiele...... gern. ....

.... Ich .... nicht gern.

Übung 4 *Zeichne die Gegenstände zu Ende und schreibe.*

Ich lese. ....

Du m ....

Du h ....

Ich s ....

Ich sp ....

Du spielst ein Memo-Spiel. ....

10 Eva malt nicht gern

Ich kann über meine Schulfreunde sprechen.

Übung 1 Was passt nicht in die Reihe?

Jan	spielt	~~spreche~~	liest	~~hörst~~
Ich	sprichst	erzähle	male	schreibt
Du	ist	lese	lernst	singst
Sandra	hört	singe	malt	liest

Übung 2 Wie heißt das Lösungswort?

Martin e r z ä h l t (5) : Das ist Steffen. Er _ _ _ _ _ _ (1) Deutsch.

Er _ _ _ _ _ _ _ _ _ (4) ins Heft und _ _ _ _ _ (3) eine Übung.

Steffen _ _ _ _ _ (2) einen Text. Er _ _ _ _ _ _ _ _ _ (6) gern mit Freunden.

schreibt, spricht, ~~erzählt~~, liest, lernt, macht

Die Lösung heißt: _ (1) _ (2) _ (3) _ (4) E (5) _ (6)

Übung 3 Wie lernt Daniel Deutsch? Erzähle.

Daniel 

Daniel hört gern Musik. ....

Er 

Er ....

Er 

Er ....

Er 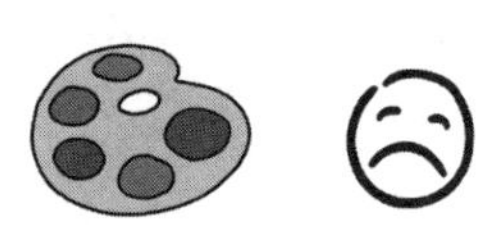

....

Er 

....

Er 

....

Sag das mal auf Deutsch!

Ich kann meinen Lehrer im Deutschunterricht verstehen.

Übung 1 *Wie ist die Reihenfolge der Szenen? Hör zu und verbinde.*

Lösung auf Seite 26.

Übung 2 *Was sagen die Lehrer? Male die richtigen Sätze farbig aus.*

Macht die Hefte zu, bitte!
Komm mal bitte an die Tafel.
Nicht alle auf einmal!

Macht die Bücher auf, bitte!
Meldet euch bitte!
Wiederhole das bitte!

Macht die Bücher auf, bitte!
Arbeitet zu zweit!
Nicht so laut bitte!

Sag mal das bitte auf Deutsch!
Macht die Hefte zu, bitte!
Nicht alle auf einmal!

Meldet euch bitte!
Wiederhole das bitte!
Arbeitet zu zweit!

Übung 3 Bilde Sätze.

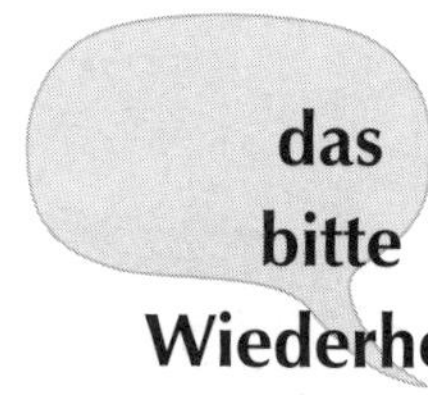

Macht die Hefte auf, bitte! ....

....

Übung 4 Setze die Teile zusammen? Wie heißt die Lösung?

ZWEIT	AR	TET	BEI	ZU

A...				

DAS	SAG	MAL	DEU	TSCH	~~BIT~~	~~AUF~~	TE

S...			BIT		AUF		

Lösung, Üb. 1, S. 25

Darf ich...? – Danke!

Ich kann im Deutschunterricht bitten und kurz antworten.

Übung 1 Was sagen diese Kinder?

Übung 2 Was passt? Kombiniere.

1. Ja, Peter?
2. Darf ich auf die Toilette, Frau Meyer?
3. Wie heißt das auf Deutsch, Barbara?
4. Darf ich etwas trinken?
5. Ich verstehe das nicht. Noch einmal, bitte.

A. Ja, natürlich, Michael.
B. Keine Ahnung.
C. Ja, aber keine Cola, bitte.
D. Kein Problem, ich wiederhole das noch mal.
E. Bitte, helfen Sie mir bei der Aufgabe.

MEINE STÄRKEN

S. 88

Partnerspiel

Male nach jeder Runde die Spielfelder aus.
Was kannst du wie gut? Dein Partner hilft dir.

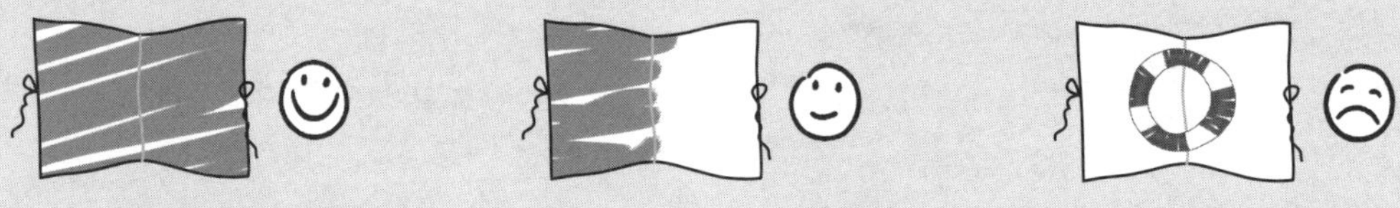

Ich kann über mich sprechen:
Das mache ich im Deutschunterricht ...

S. 78

Ich kann die Schulsachen auf Deutsch nennen.

S. 78

MEINE STÄRKEN

Ich kann über meinen Freund oder meine Freundin sprechen: So lernt er/sie Deutsch.

Dein(e) Freund(in) zeichnet, du erzählst.

....
Vorname

gern

Dein(e) Freund(in) zeichnet, du erzählst.

....
Vorname

nicht gern

S. 78

Ich kann im Deutschunterricht bitten und kurz antworten.

Verbinde.

Keine	auf die Toilette?
Ich weiß	auf Deutsch?
Darf ich	Ahnung
Noch einmal,	Frau Krause.
Bitte helfen Sie mir,	bitte.
Wie heißt das	nicht.

S. 79

MEINE STÄRKEN

Ich kann meinen Lehrer im Deutschunterricht verstehen.

Hör zu und nummeriere die Bilder.

S. 79

Ich kann das Gedicht „Ein Hase, der ...“ verstehen.

Lies die Sätze und nummeriere die Bilder.

1. Ein Hase, der gern Bücher las, fand ein dickes Buch im Gras,
2. Er setzte sich ins Gras und las das dicke Buch,
3. im Buch stand das: Ein Hase, der gern Bücher las, ...

S. 79

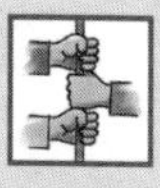

Meine Übung

Wählt eine Übung und macht eine ähnliche für die anderen.

- **Was passt nicht?** (Wie Übung 1, S. 24)
- **Bildertext** (Wie Übung 3, S. 24)
- **Bunte Sätze** (Wie Übung 2, S. 25)

Tauscht die Übungen untereinander aus. Viel Spaß!

Kapitel III
13

Ich bin schon zehn

Ich kann mein Alter sagen.

Übung 1 *Addiere und schreibe die Zahlen.*

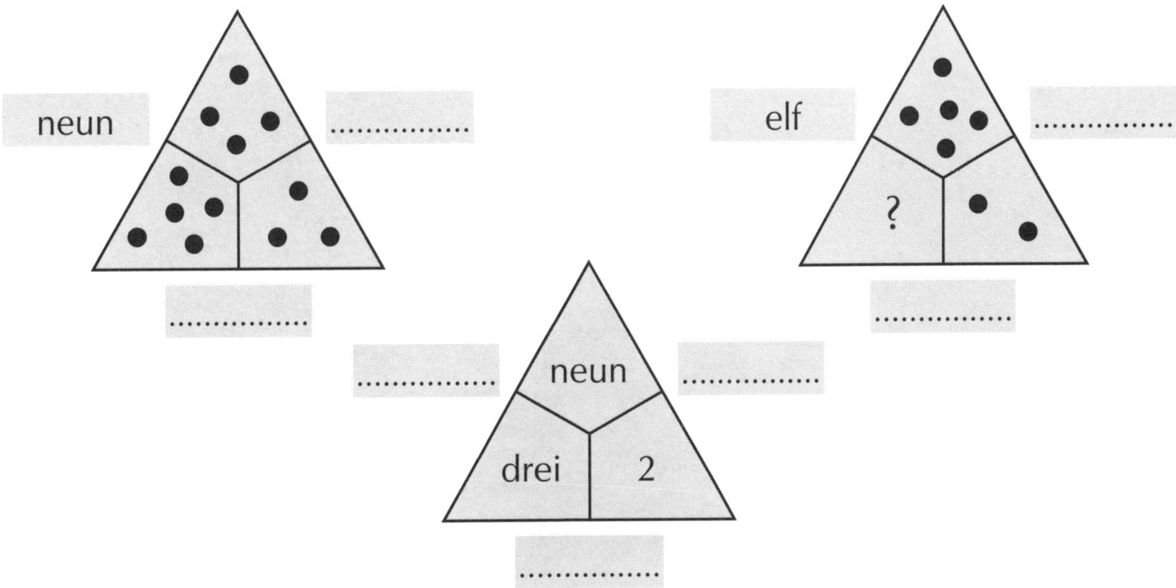

Übung 2 *Schneide aus und lege zusammen.*

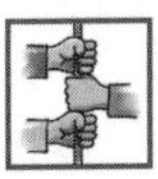

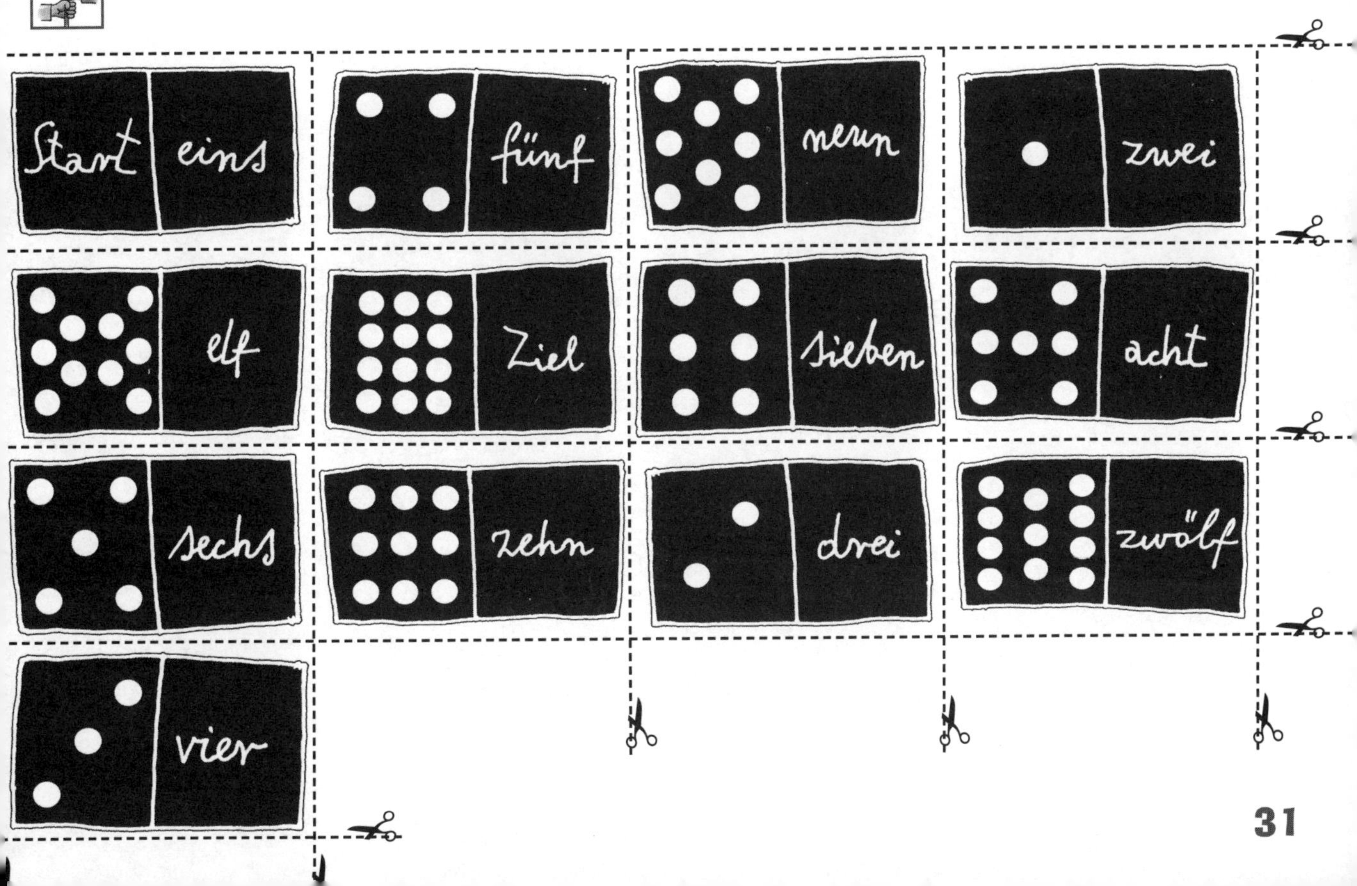

Übung 3 *Welche Zahlen siehst du hier? Schreibe die Zahlen auf.*

drei

null

vier

eins

neun

sechs

zehn

zwölf

fünf

sieben

elf

acht

zwei

Hier sehe ich: fünf, ...

Hier gibt es keine: elf, ...

Übung 4 Zahlen unter der Lupe. Welche Zahlen sind das?

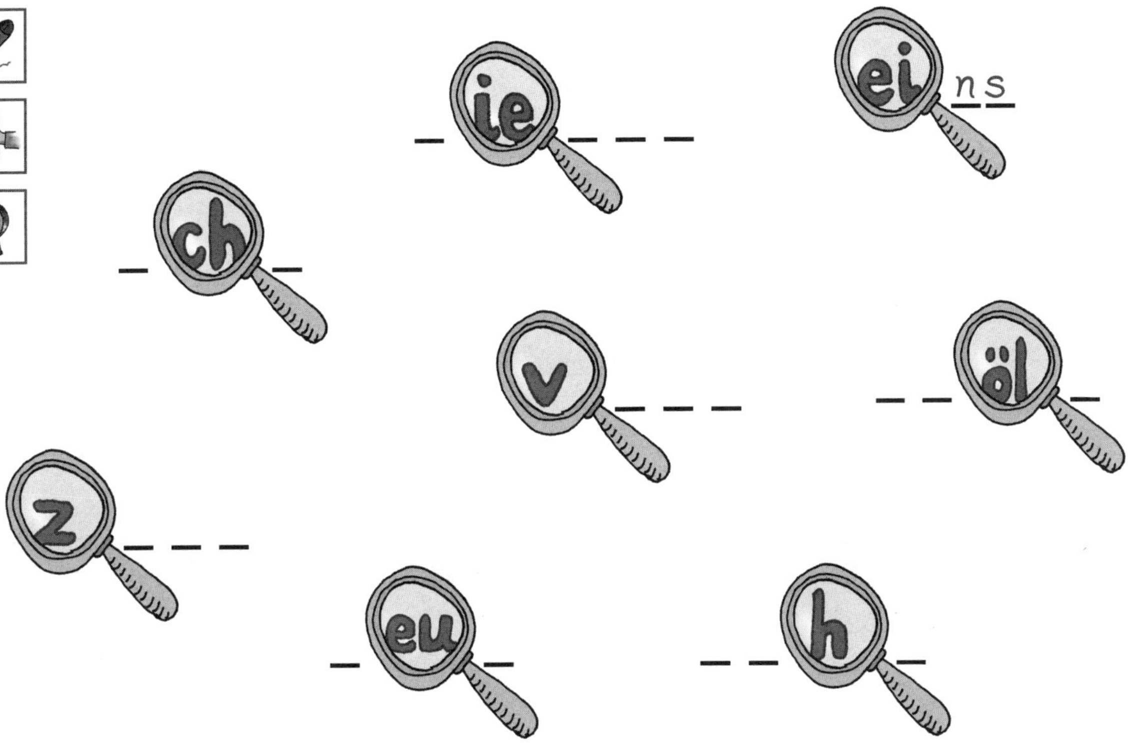

Übung 5 Was passt zusammen?

Wie alt bist du?	Ich bin 12.	Wie alt ist Nadja?
Sie ist erst 8 Jahre alt.	Wie alt ist Michael?	Er ist 10.

Übung 6 *Bilde Sätze und finde die Paare.*

ist, erst, sechs, Meine Schwester
....

alt, Wie, du, bist?
Wie alt bist du? ....

elf, alt, Ich, Jahre, bin, schon
Ich ....

er, ist, alt, Wie?
....

ist, Jahre, neun, Robert, alt
....

ist, alt, Martina, Wie?
....

Sie, zehn, alt, Jahre, ist
....

Wie, deine Schwester, alt, ist?
....

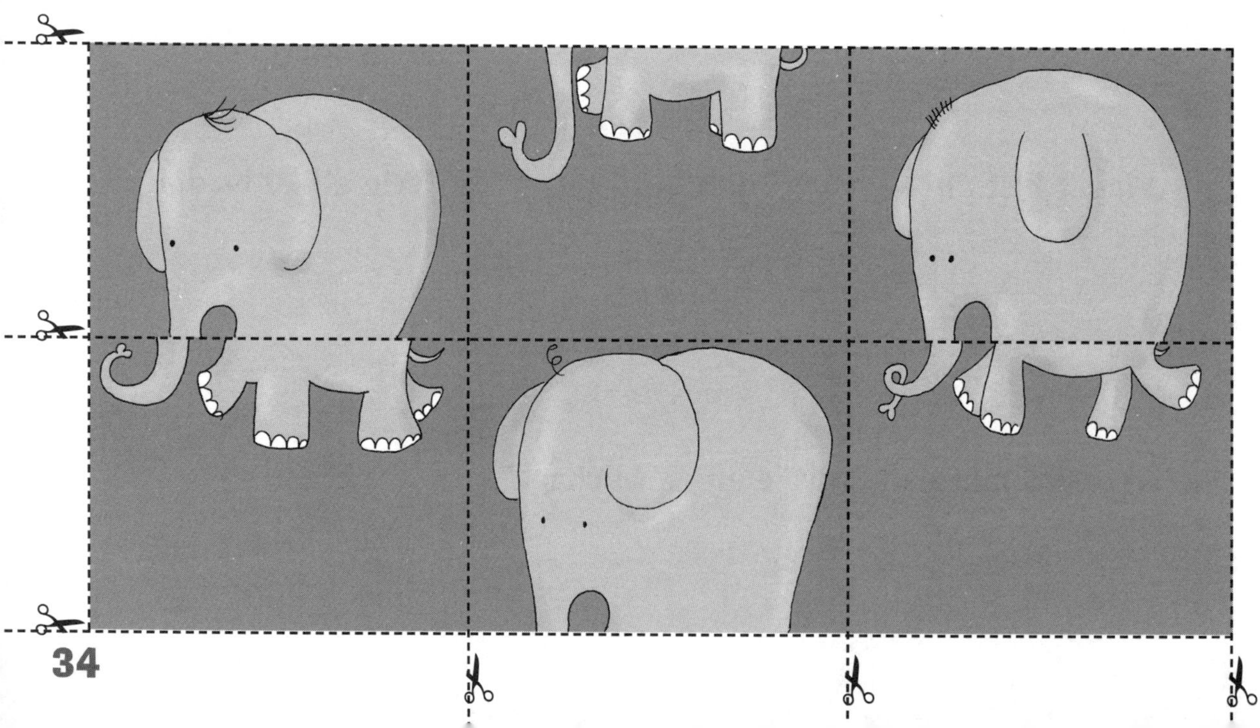

Augen, Haare, Nase ...

Ich kann mich und meine Freunde beschreiben.

Übung 1 *Male richtig aus.*

Der Bleistift ist gelb.

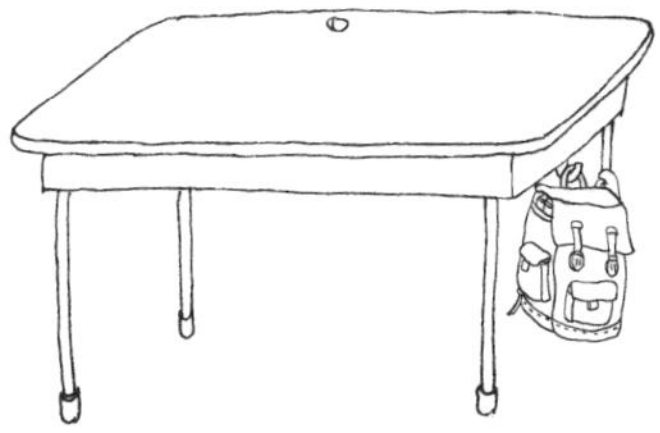

Die Bank ist braun.

Das Federmäppchen ist rot.

Der Rucksack ist schwarz.

Das Lineal ist orange.

Die Kreide ist blau.

Übung 2 *Was ist das?*

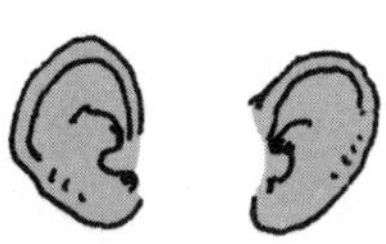

O h r e n

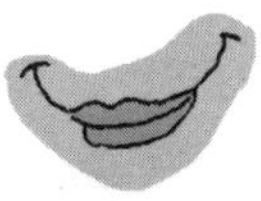

Nase **Mund** **Augen**

Haare ~~**Ohren**~~

Übung 3 *Ergänze und zeichne die Gesichter von Eva und Peter.*

Eva

Peter

Übung 4 *Lies den Text und ergänze das Bild.*

Das ist Mathias. Seine Haare sind rot und seine Augen sind groß und blau. Er kommt aus Bremen. Er wohnt in der Nelkenstraße siebzehn. Seine Telefonnummer ist neun – sieben – null – fünf – eins – drei. Sein Freund heißt Thomas. Die Haare von Thomas sind schwarz. Thomas ist klein.

Aus der Schweiz ... in Bern ...

Ich kann meine Herkunft und meinen Wohnort nennen.

Übung 1 *Was passt zusammen? Male bunt aus.*

Wo wohnst du?

Aus Österreich.

Wie ist dein Familienname?

Woher kommst du?

Wie heißt du?

Wagner.

Beate.

Wie alt bist du?

10.

In Wien.

Übung 2 *Male aus und klebe die Wortgruppen in dein Heft ein.*

wohnen | aus | wo | woher | in | kommen

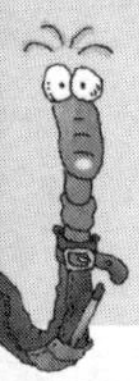

Übung 3 *Was weißt du über Carol und Sarah?*

hört

wohnt

liest

kommt

spielt

heißt

Carol .... aus Frankreich
und .... in Paris.
Sie .... Tennis
und .... gern Musik.
Carols Schwester .... Sarah.
Sie .... viel.

Übung 4 *Mache hier Ordnung.*

• Woher wohnst du? ▪ Aus Liechtenstein.
Woher kommst du?

• Wo wohnst du in Liechtenstein? ▪ Aus Vaduz.
....

Ich komme in Berlin.
....

Meine Telefonnummer ist Mozartstraße 111.
....

Tulpenstraße 63

Ich kann meine Adresse und Telefonnummer sagen.

Übung 1

Welche Zahlen sind das?

Übung 2

Rate mal!

1) **17 + 56 =** 73

2) **32 + 48 =** ....

3) **26 + 16 =** ....

4) **61 + 30 =** ....

5) **19 + 17 =** ....

6) **43 + 32 =** ....

Übung 3 Was ist das? Hör zu und verbinde.

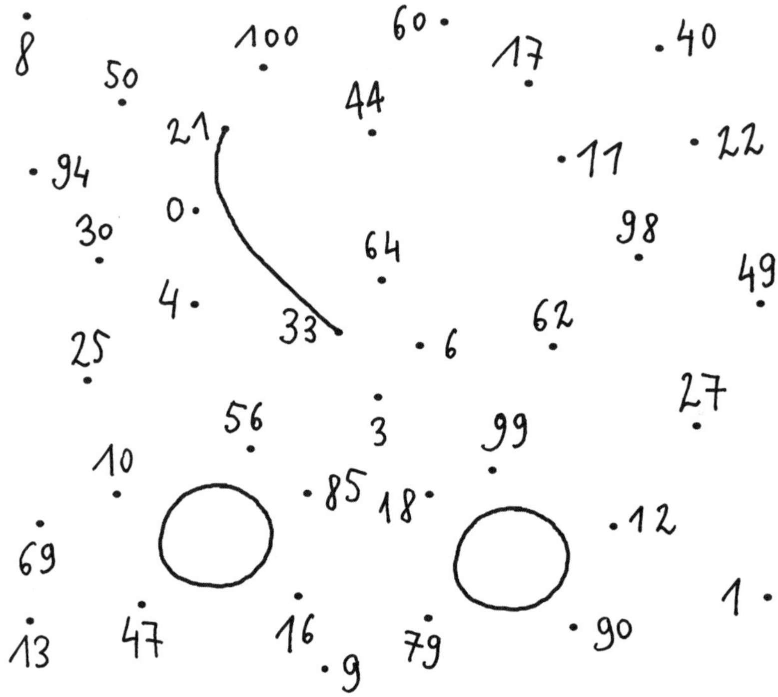

Das ist e ....

Übung 4 Wer hat diese Telefonnummer? Verbinde.

sieben – drei – null – eins – fünf – drei – neun

drei – vier – null – drei – zwei – eins

fünf – drei – sieben – neun – acht – zwei

sieben – vier – vier – drei – zwei – eins – acht

sechs – sechsundfünfzig – sechzig – fünfzig

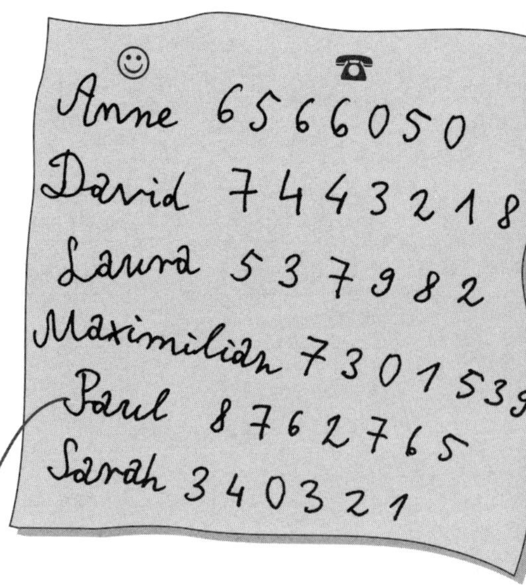

acht – sechsundsiebzig – siebenundzwanzig – fünfundsechzig

Übung 5 Ergänze die Kofferanhänger.

Name: Heinz Meyer ....
Stadt: Berlin ....
Adresse: ....
Land: ....

Name: Sabine Popken ....
Stadt: Bern ....
Adresse: ....
Land: ....

Name: Moni Witt ....
Stadt: Wien ....
Adresse: ....
Land: ....

Übung 6 Was stimmt hier nicht? Hör zu.

45

Nett, frech, laut ...

Ich kann meine Freunde und mich beschreiben.

Übung 1 *Spiele Bingo.*

freundlich

artig

nett

groß

klein

laut

leise

frech

super

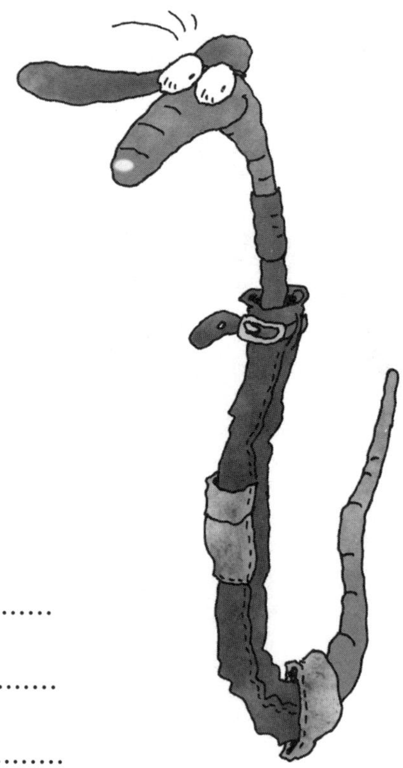

Übung 2 *Schreibe es anders.*

Sie ist **nicht dumm**. – Sie ist klug! ....

Er ist **nicht groß**. – Er ....

Klaudia ist **nicht laut**. – Sie ....

Martin ist **nicht frech**. – Er ....

Übung 3 Wie lauten diese Fragen?

1. der Junge | ist | laut ? Ist der Junge laut?

2. frech | der Regenwurm | ist ? ....

3. ist | wer | super ? ....

4. ist | nett | die Lehrerin ? ....

5. leise | ist | wer ? ....

Lösung auf Seite 44.

Deutsch, Spanisch, Englisch ...

Ich kann schon verschiedene Sprachen erkennen.

Übung 1 *Wie heißen die Länder? Schreibe auf.*

ENGLISCH

England.....................

ITALIENISCH

....

DEUTSCH

....

POLNISCH

....

RUSSISCH

....

TÜRKISCH

....

SPANISCH

....

GRIECHISCH

....

UKRAINISCH

....

FRANZÖSISCH

....

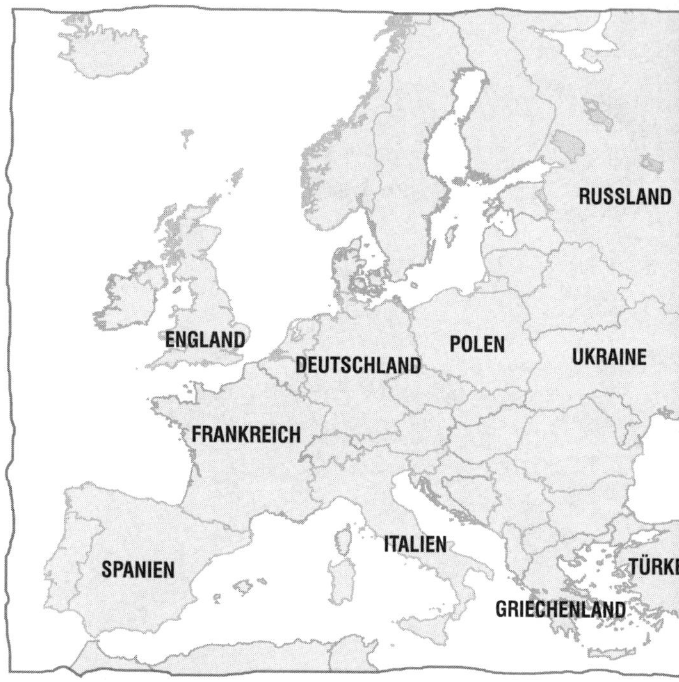

Übung 2 *Welche Sprachen sind miteinander verwandt?*

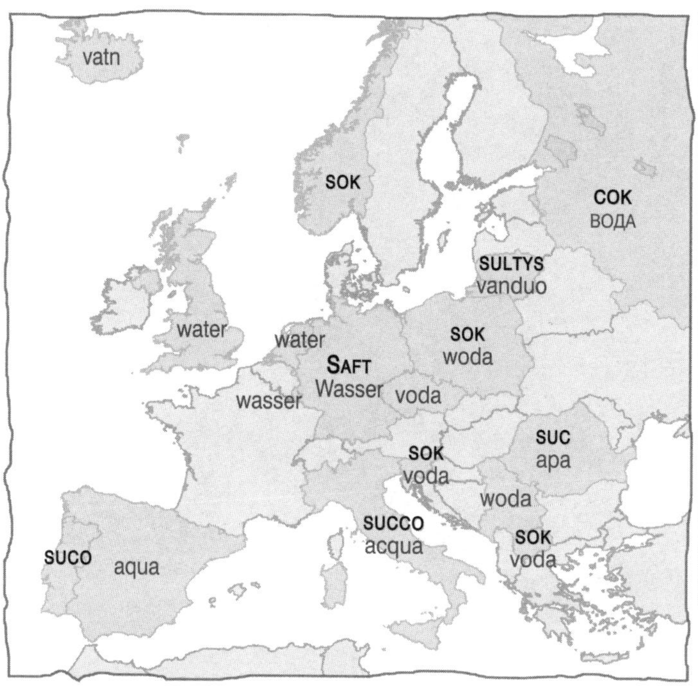

Lösung – Üb. 3, S. 43

MEINE STÄRKEN

S. 89

Partnerspiel

Male nach jeder Runde die Spielfelder aus.
Was kannst du wie gut? Dein Partner hilft dir.

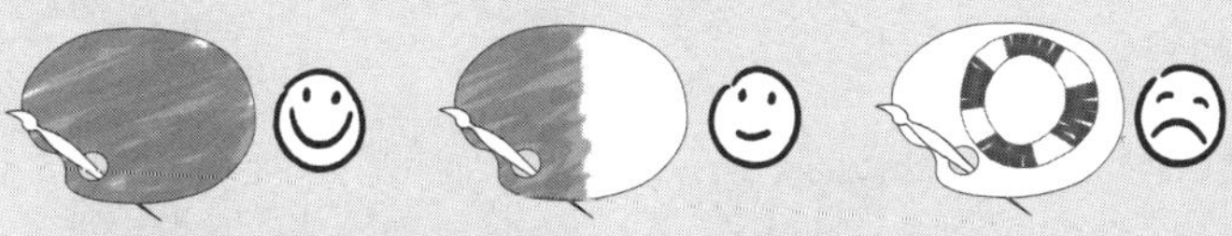

Ich kann meine Herkunft und meinen Wohnort nennen.

S. 80

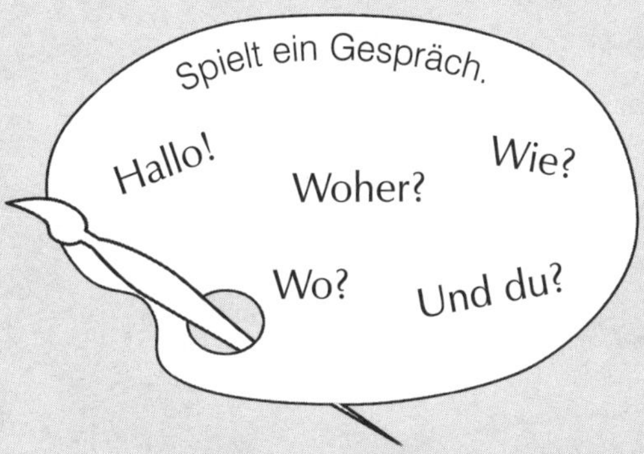

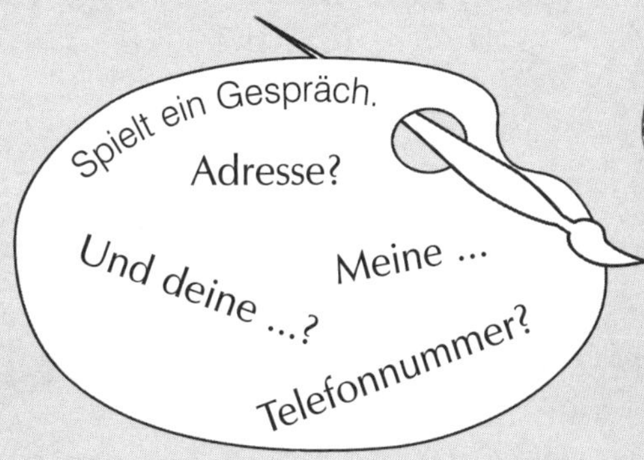

Ich kann kurz von mir erzählen.

S. 81

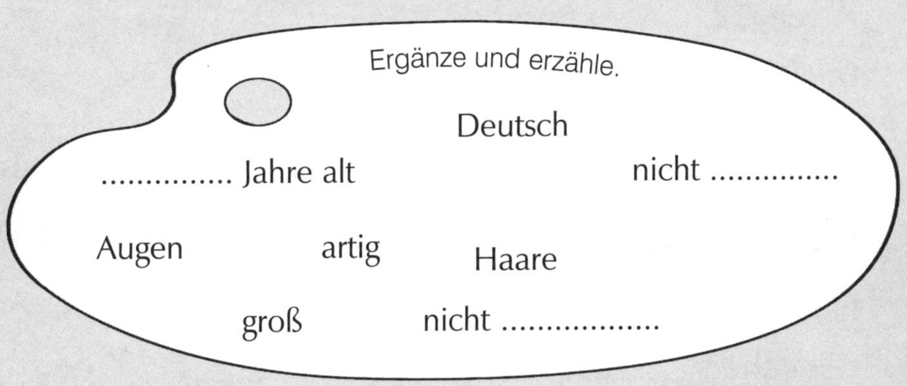

Ich kann meine Freundin kurz beschreiben.

S. 81

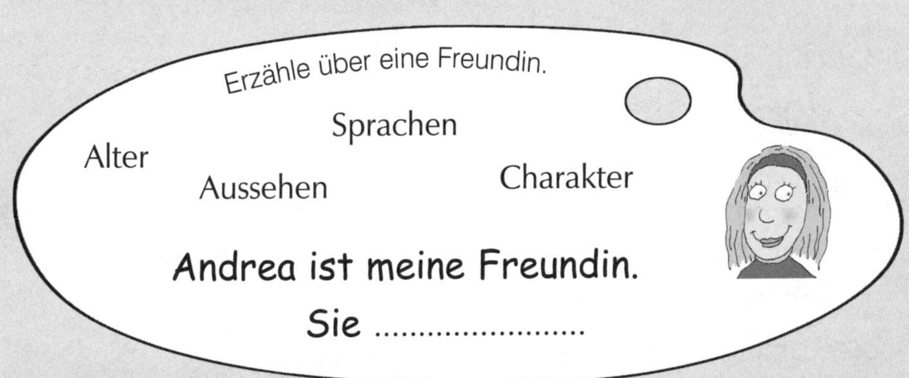

MEINE STÄRKEN

Ich kann den Abzählreim aufsagen.

S. 80

Eins, ...

fünf, ...

Eine .... Rüben.

.... kocht Speck,

und du ....

Ich kann eine Personenbeschreibung verstehen.

51

S. 81

Mache Notizen und zeichne Renate.

Alter: 12

Größe: ....

Haare: ....

Augen: ....

Lieblingsfarbe:...

Hobby: ....

Sprachen: ....

Meine Übung

Wählt eine Übung und macht eine ähnliche für die anderen.

- **Farben- Kreuzworträtsel**
  (Male als Beschreibungen bunte Flecken. Mache daraus ein Kreuzworträtsel.)
- **Meine, deine, ihre, seine**
  (wie Übung 3, S. 36)

Tauscht eure Übungen untereinander aus. Viel Spaß!

Mutter, Vater, Schwester ...

Ich kann Familienmitglieder auf Deutsch nennen.

Übung 1

Wie nennen die Kinder ihre Familienmitglieder?

Großmutter
....
....

Vater
....
....
....

Omi Papi
Mami Opa Mutti
Papa Opi Vati
Mama Oma

Mutter
....
....
....

Großvater
....
....

Übung 2

Schneide die Teile aus und lege sie zusammen.

Das ist ein ....

Mache eine ähnliche Übung für deine Mitschüler. Viel Spaß!

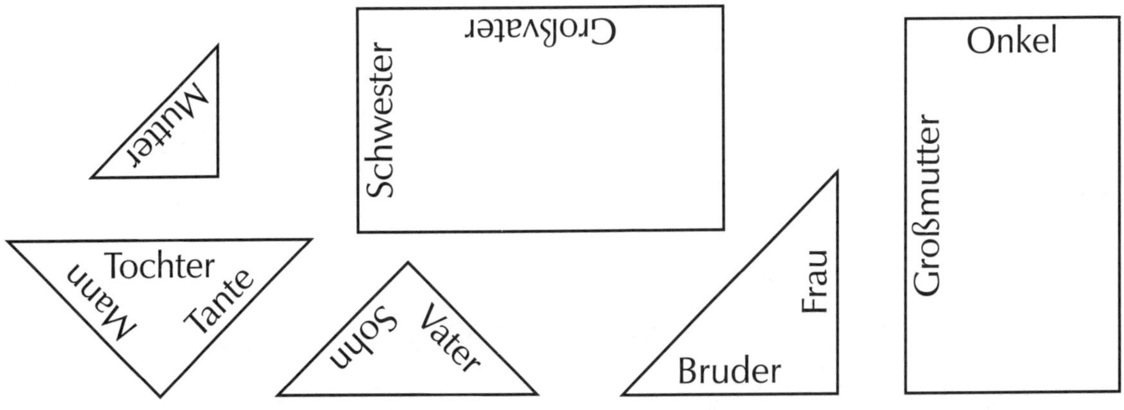

Übung 3 Ergänze die Familiennamen.

M u t t i

_ a _ _ _

B _ _ _ _ _

G _ _ _ _ _ _ _ _ r

_ _ h _ _ _ _ _ _

_ _ k _ _

_ _ t _

Übung 4 Lucas Familie: Wer hat oder benutzt das?

....

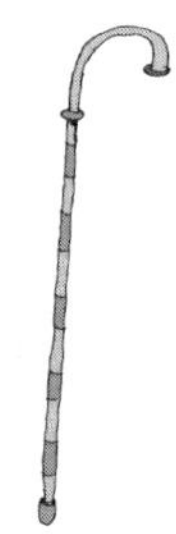

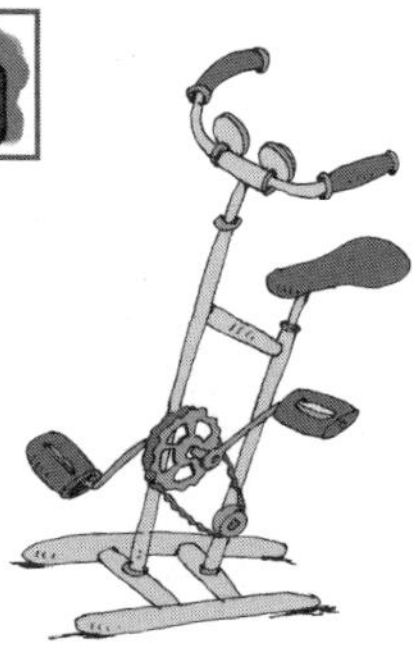

....

....

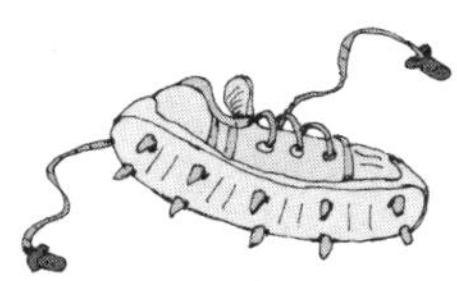

....

seine Mutti........

....

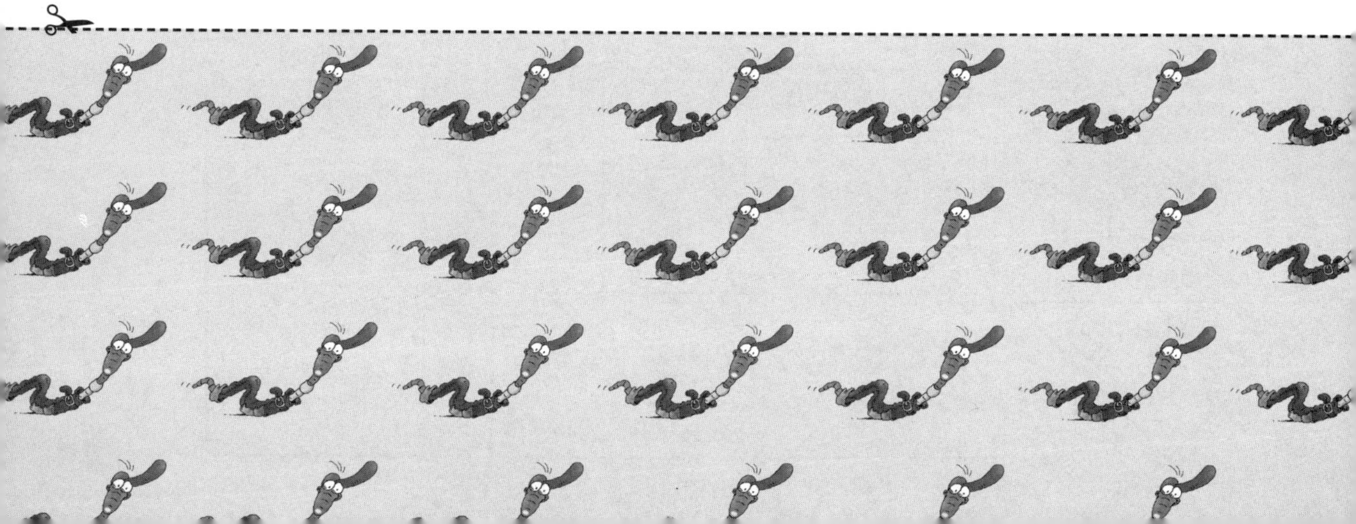

Ich habe einen Bruder

Ich kann meine Familie vorstellen.

Übung 1 *Ergänze die Dominosteine.*

H andy, F reund, E-Mail-Adre s se, Br ü der, K i nd, To c ~~hter~~, Freu n din

START	Meine Schwester hat **einen**
	Mein Vater hat **zwei**
	Mein Onkel hat **eine**
To c hter.	Ich habe **ein**
	Hast du **eine**
?	Meine Tante hat **ein**
	Ihr Sohn hat auch **eine**
	ZIEL

Die Lösung heißt: _ _ C _ _ _ _ _

Übung 2 *Ergänze die Erzählung und zeichne Martins Papa.*

Martins Papa

Martins Papa heißt Ole.
Er kommt aus Schweden.
Papa Ole ______ Schwedisch, Deutsch und Englisch. Er ist 40. Er ist groß.
Seine Haare sind kurz und ______.
Er hat ______ Augen, eine ______ Nase und ______ Ohren. Er lacht ______.
Seine Lieblingsfarbe ist rot. Er ist Maler von Beruf.
Der Papa ist ______ und freundlich.

~~kommt~~ gern blaue blond nett große spricht lange

Übung 3 Spiele. Viel Spaß!

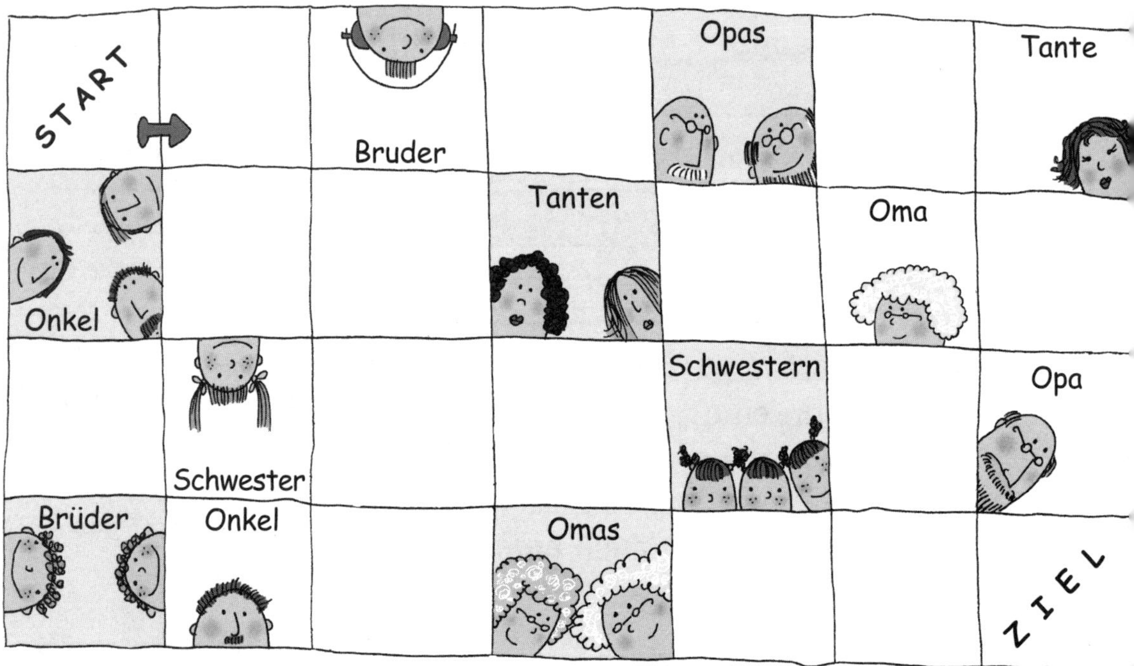

weiße Felder

Hast du einen Onkel?
Ja, Onkel Jan.
Nein, leider keinen.

graue Felder

Wie viele Tanten hast du?
Vier.
Leider keine.

Übung 4 Stelle eine Person aus deiner Familie vor.

BERUF Alter Haare Sprachen Nase Charakter Name Augen Ohren

Übung 5 Hast du dein Familienfoto im Lehrbuch auf die Seite 65 geklebt? Wer ist auf dem Foto?

Das ist meine Familie. Das ist meine
Mutter Eva. Sie ist ....
Und ich habe auch ....

Lehrer, Köchin ...

Ich kann Berufe in meiner Familie nennen.

Übung 1 Wer arbeitet damit? Schreibe auf.

....

....

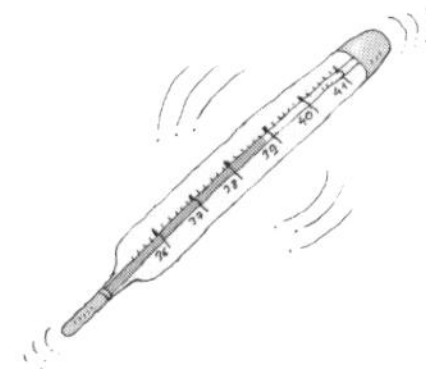
....

....

....

Sekretärin

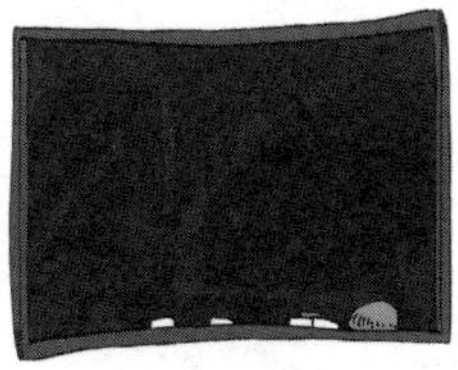
....

....

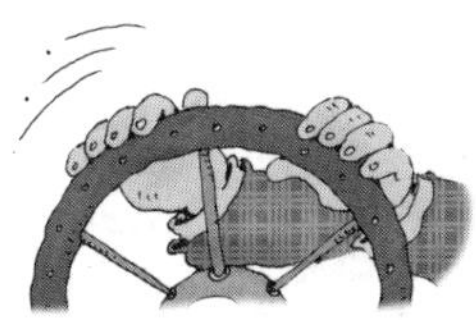
....

Übung 2 Wer ist das?

Übung 3 *Was ist hier falsch? Korrigiere und zeichne.*

Frau Nole ist Zahneuse. Friseuse	Herr Berg ist Fahrerschwester.	Frau Bürgi ist Buchwirtir ....
Herr Peschke ist Landhalter.	Frau Fischer ist Veröchin.	Herr Klein ist Arzrer. ....

Übung 4 *Wer arbeitet wo? Ergänze.*

Lehrer
Architekt
Hausmeister
Informatiker
Lehrerin
Buchhalterin
Hausfrau

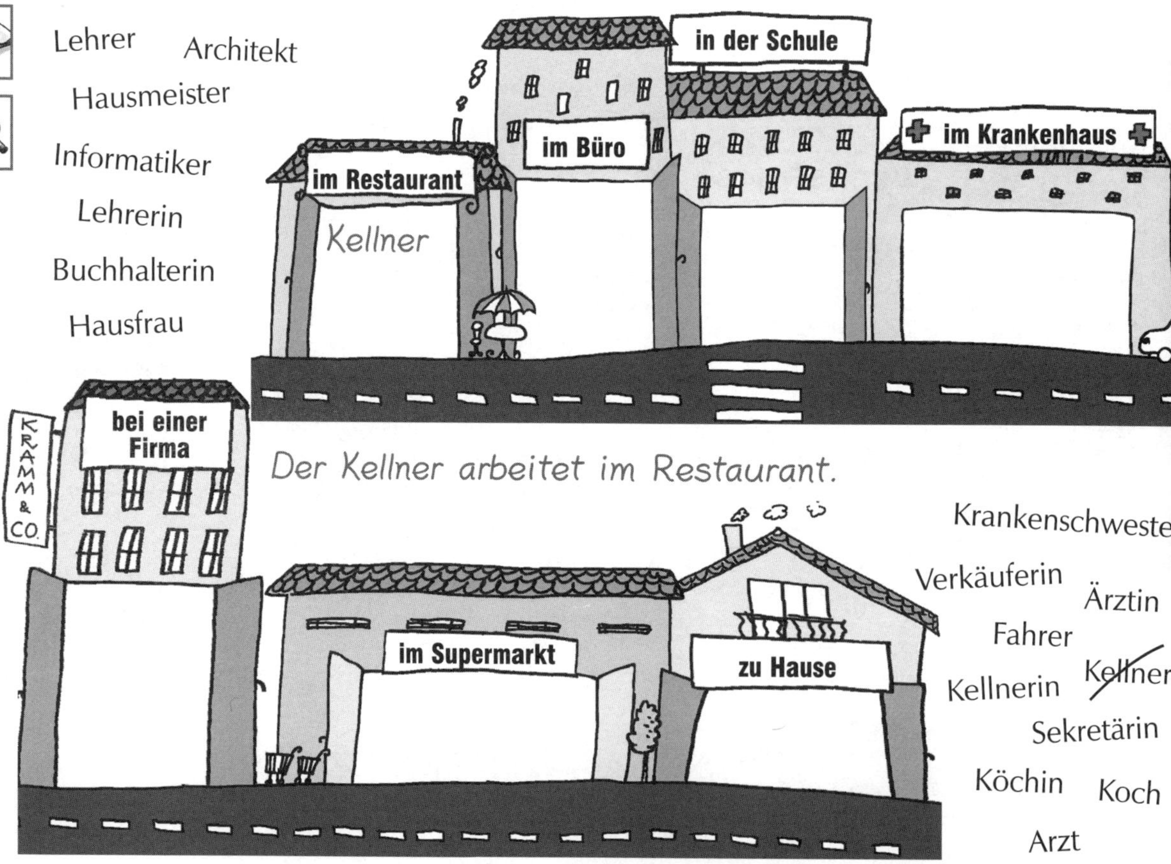

Der Kellner arbeitet im Restaurant.

Krankenschweste
Verkäuferin
Ärztin
Fahrer
Kellnerin
~~Kellner~~
Sekretärin
Köchin
Koch
Arzt

Übung 5 *Spiele Lotto.*

Architekt	Polizist	Soldat	Verkäuferin
Journalist	Ärztin	Lehrer	Landwirt
Krankenschwester	Sekretärin	Hausfrau	Buchhalter

Hund, Katze, Fische ...

Ich kann mein Haustier beschreiben.

Übung 1 *Welches Tier sieht so aus? Schreibe auf.*

Übung 2 *Was für ein Tier ist das?*

RAMSEHT			1						
NEUWERMRG		2	3					4	
EELS		5							
FUHCS			6	7					
WÖLE			8 W						

FEFA				9					
HENCIKNAN				10	11				
FICHS				12	13				
EZKAT					14				
DHNU			15						

1	2	3	4	5	6	7	8	9	10	11	12	13	14	15
							W							

Übung 3 Ergänze und berichte über dein Tier.

II. BESCHREIBUNG DES TIERES
Description of animal

1. Name / *Name**: ______________________
2. Art / *Species*: ______________________
3. Rasse / *Breed*: ______________________
4. Geschlecht / *Sex*: ______________________
5. Geburtsdatum / *Date of birth**: ______________________
6. Haarkleid / *Coat*: ______________________

(Farbe und Typ) *(Colour & type)*

*Nach Angabe des Tierbesitzers
As stated by owner

Übung 4 Male und beschreibe dieses Tier.

Das ist ein ....

....

....

Füttern – baden – pflegen

Ich kann über die Pflege von Haustieren sprechen.

Übung 1 *Was passt nicht in die Reihe?*

Ich putze | den Bruder | den Tierarzt | den Käfig | das Aquarium

Ich besuche | den Arzt | die Oma | das Aquarium | den Fressnapf

Ich bade | den Käfig | das Kind | das Katzenklo | den Hund

Ich füttere | Mimi | das Kaninchen | die Schwester | den Fressnapf

Ich halte | das Aquarium | den Käfig | den Fressnapf | den Hamster | sauber

Übung 2 *Was ist das? Lege die Teile zusammen.*

Das ist ein ....

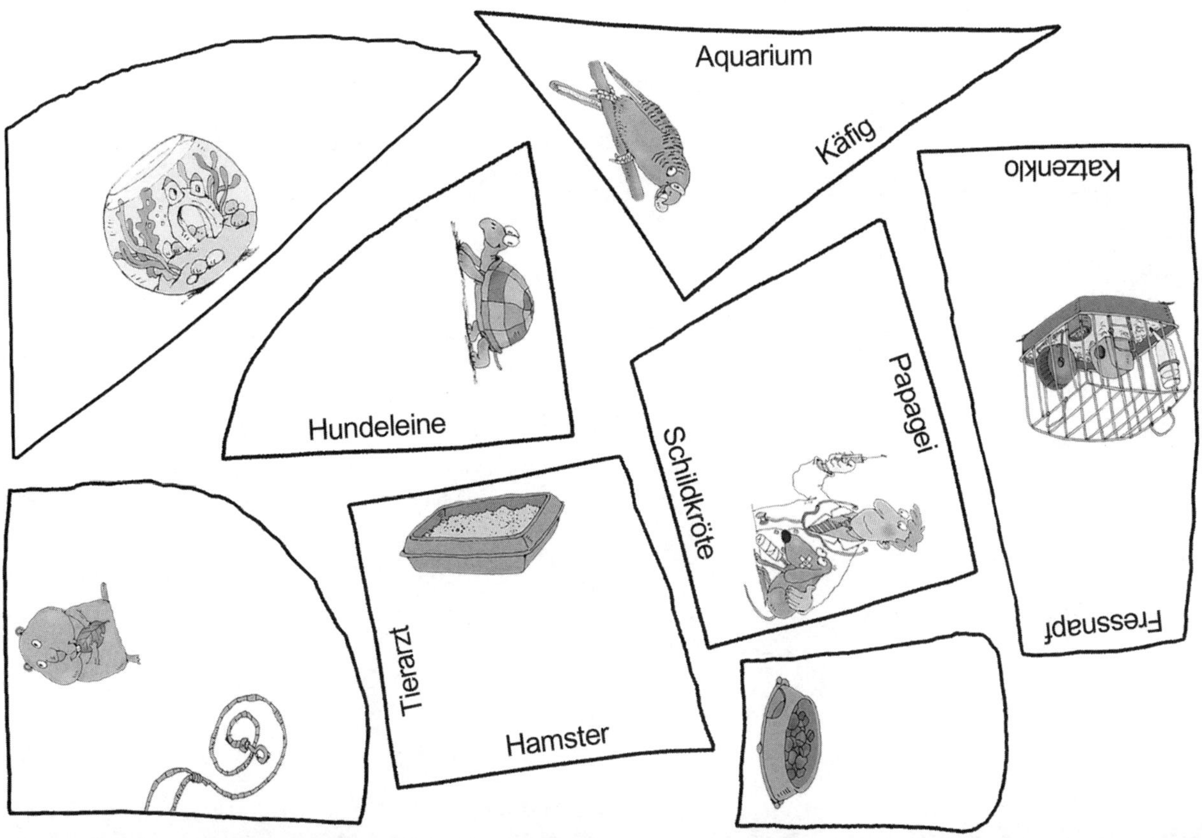

Übung 3 *Bilde möglichst viele Sätze.*

muss	spazieren	man	mit dem Hund	gehen
besuche	mit Mimi	nicht oft	den Tierarzt	ich
Martin	nicht	den Hamster	baden	muss
das Katzenklo	ich	putzen	muss	regelmäßig
den Hund	muss	baden	man	oft
meine	ich	Papageien	am Morgen	füttere

Welches Wort „bewegt" sich nicht?

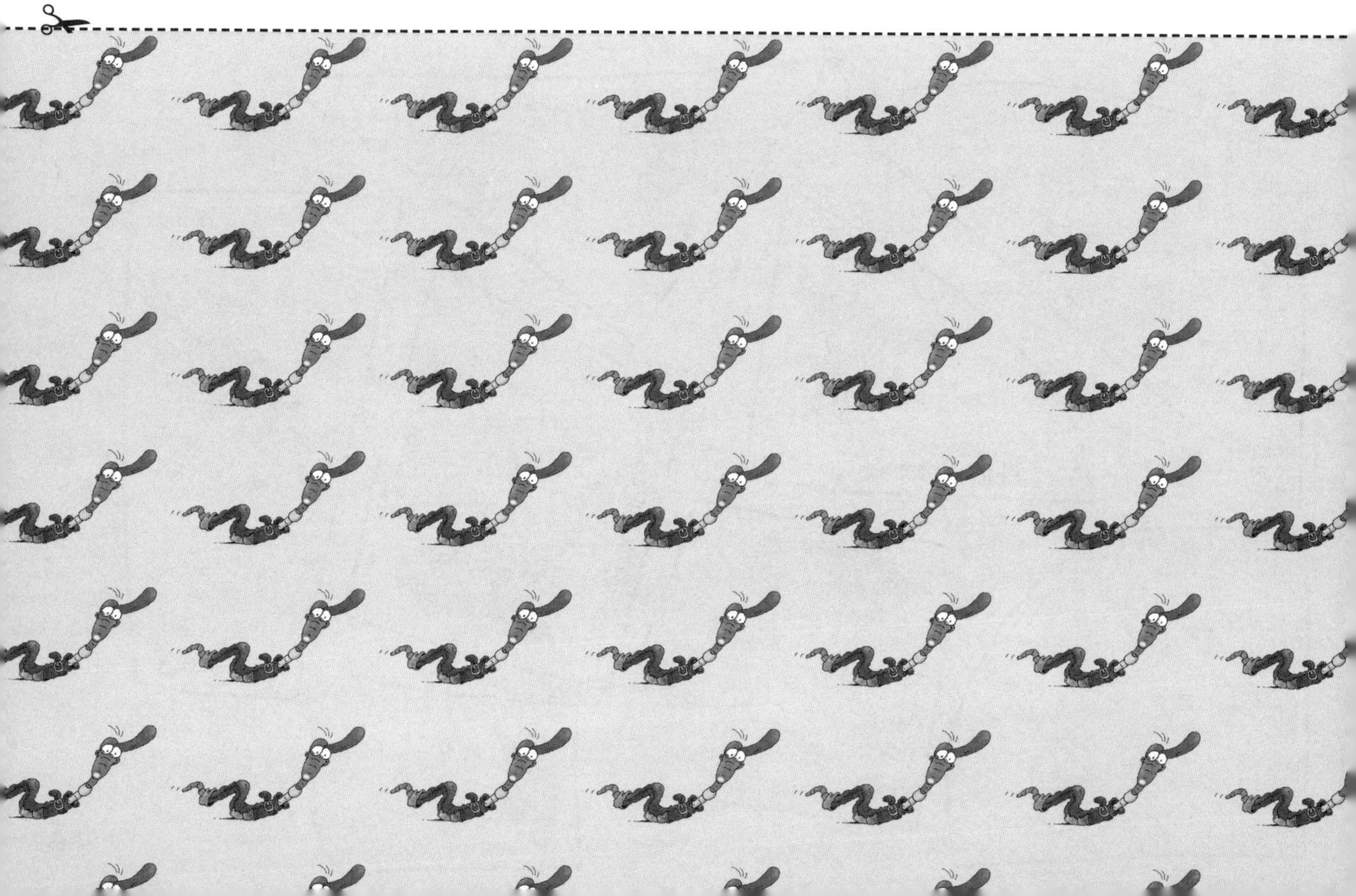

Übung 4 *Ergänze.*

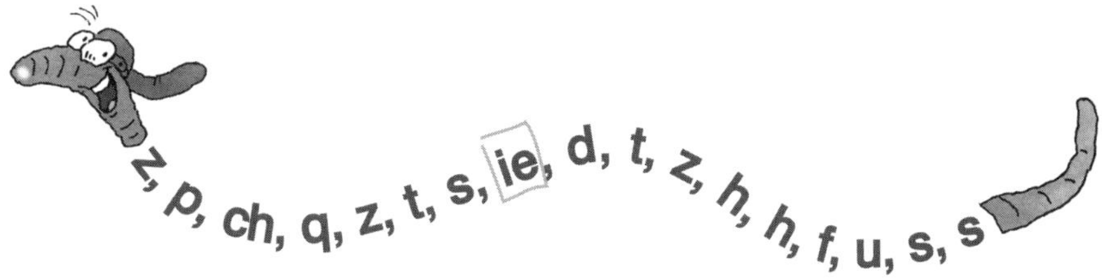

Man muss
das T_ie_r füt_ern.  
mit dem Hun_ s_a_ieren ge_en.
den Fres_nap_ pu_zen. 
das A_uarium sa_ber _alten.
den Tierar_t be_uchen.
das Kat_enklo _auber ma__en. 

Übung 5 *Wähle eine Erzählung. Lies sie vor.*

Rummi

Mein Freund Lukas hat einen . Er  jeden Tag mit Rummi.

Lukas  Rummi und  seinen Käfig oft .

Er  Rummi natürlich nicht. Er muss auch den 

nicht besuchen. Sein Vater ist nämlich Tierarzt.

Nemo und Ariel

Maria hat zwei . Sie muss das 

sauber halten und die Fische .

Sie  sehr oft mit Nemo und Ariel.

Lösung der Aufgabe 3 im Kursbuch. Kontrolliere.

Man muss mit Rex spazieren gehen.
Man muss Knobi baden und den Fressnapf reinigen.
Man muss das Aquarium sauber machen/halten.
Man muss das Kaninchen füttern.
Man muss das Katzenklo sauber machen/halten.
Man muss mit Dino den Tierarzt besuchen.

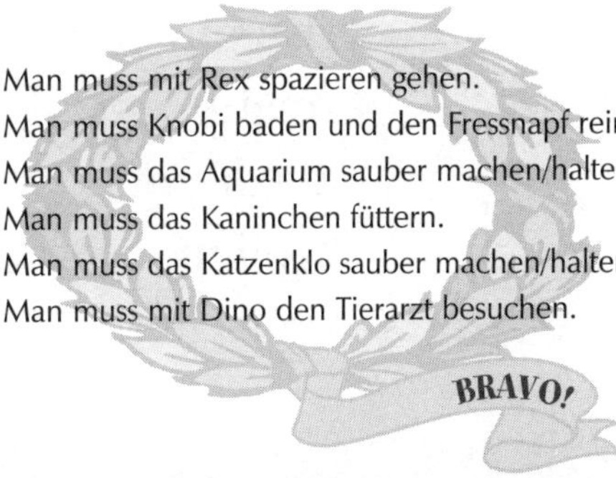

Bienen summmummmummEN

Ich kann Tiersprachen verstehen.

Übung 1 *Wie viele Tiere haben sich hier versteckt?*

zwei Ziegen, ...

....

Übung 2 *Löse das Rätsel.*

miauen	_ [ ] _ _ _ _	[ ]
brummen	_ [ ] _ _ _ _ _	[ ]
quaken	[ ] _ _ _ _ _ _	[ ]
bellen	_ _ _ [ ] _	[ ]
summen	B I E N [E] N	E
brummen	_ _ [M] _ _ _ _	M
zirpen	_ _ _ _ [ ] _ _	[ ]
schnurren	_ [ ] _ _ _	[ ]
meckern	_ _ _ _ _ [ ]	[ ]
brüllen	_ _ _ [ ] _ _	[ ]
zwitschern	_ _ _ [ ] _	[ ]

Übung 3 *Suche den Partner.*

 RINDER	BRÜLLEN	 SCHWEINE	GRUNZEN
 HUNDE	BELLEN	 KATZEN	MIAUEN
 KATER	SCHNURREN	 GÄNSE	SCHNATTERN
 ZIEGEN	MECKERN	 BIENEN	SUMMEN
 GRILLEN	ZIRPEN	 FRÖSCHE	QUAKEN
 HUMMELN	BRUMMEN	 VÖGEL	ZWITSCHERN

MEINE STÄRKEN

Partnerspiel

S. 90

Male nach jeder Runde die Spielfelder aus.
Was kannst du wie gut? Dein Partner hilft dir.

Ich kann mich kurz über meine Familie unterhalten.

Wähle ein Familienmitglied deines Partners/deiner Partnerin aus, frage nach seinem Vornamen, Alter, Aussehen, Beruf.

Mama **Bruder**

....

Schwester

Onkel

Tante

Papa ....

Hast du ....?

....

Ja, ... Nein, ...

S. 85

Ich kann mein Haustier beschreiben.

Zeichne und erzähle.

Größe, Augen, Ohren, Haare, Haarfarbe, Nase, ...

S. 85

MEINE STÄRKEN

Ich kann beim Lesen schon viel verstehen.

S. 86

In welchem Satz steht das?

Momo

① Mit meinem Vogel habe ich nicht so viel Arbeit. ② Ich füttere ihn jeden Tag und gebe ihm Wasser. ③ Am Sonntag mache ich seinen Käfig sauber. ④ Und das ist alles. ⑤ Momo spielt gern. ⑥ Ich rufe: „Momo! Momo!" und er antwortet „Kiwitt! Kiwitt!"

Ani füttert ihren Vogel. ....

Sie putzt den Vogelkäfig. ....

Der Vogel heißt Momo. 5, 6

Ani hat mit ihrem Vogel nicht viel Arbeit. ....

Der Vogel zwitschert. ....

63 Ich kann verstehen, was Leute über ihre Familie sagen.

S. 86

Finns Familie

Seine ...

Bedas Familie

Sein ...

MEINE STÄRKEN

Meine Übung

Wählt eine Übung und macht eine ähnliche für die anderen.

- **Rätsel** (wie Übung 2, S. 55)
- **Lotto** (wie Übung 5, S. 53)
- **Gitter** (wie Übung 3, S. 48)

Tauscht eure Übungen untereinander aus. Viel Spaß.

KUNTERBUNTES

Herbstalphabet – welche Wörter sind hier versteckt?

3äb416fg5ijklm7oöpq2stuüvwxyz
1=d 2=r 3=a 4=c 5=h 6=e 7=n:
Drachen

aäbc4efgh2jklm3oöpqrstuüv1xyz

....

aä4cd2fg1ijklmnoöpq356uüvwxyz

....

2äbcdefghij13mnoöpqrs4uüvwxyz

....

2ä1cdefghijkl4noöpqrst3üvwxyz

....

MARTINSTAG

Der Wind hat die Buchstaben verweht.
Wie heißen die Wörter?

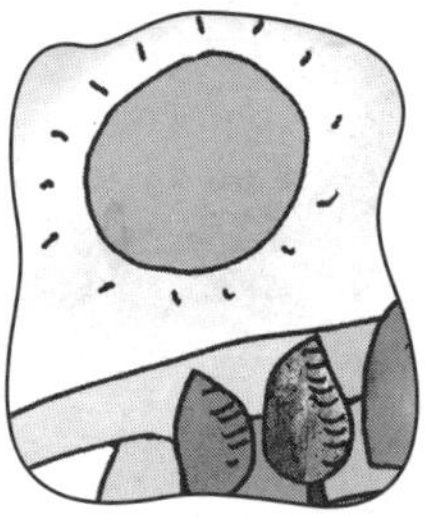

S _ N _ E

N O

KA _ TAN _ E _

N S I

_ RAC _ EN

H D

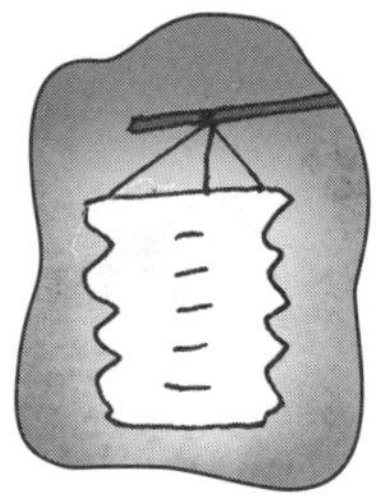

_ A _ E _ NE

T L R

M _ N _

D O

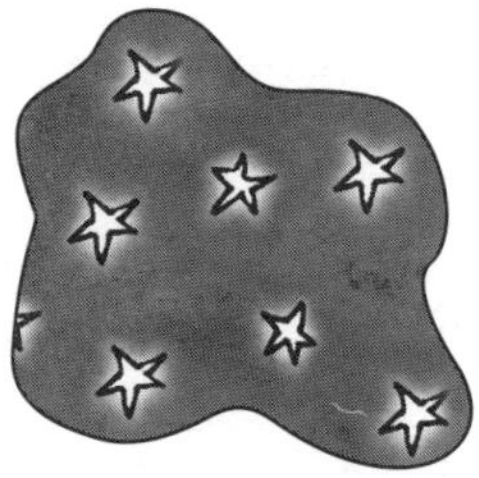

S _ E _ N _

E T R

_ E _ EN

R G

Was fehlt rechts?

Rechts ist kein *Eis,* ....

ADVENTSKALENDER

Was siehst du im Adventskalender? Ergänze.

Wie heißen diese Weihnachtsgeschenke?

FRÜHLING

Ergänze die richtigen Namen der Blumen in die Felder.

Tulchen

Kroglocke

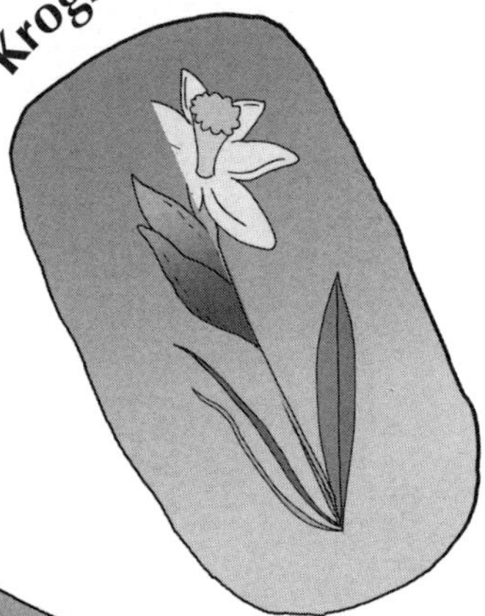

Veilkus

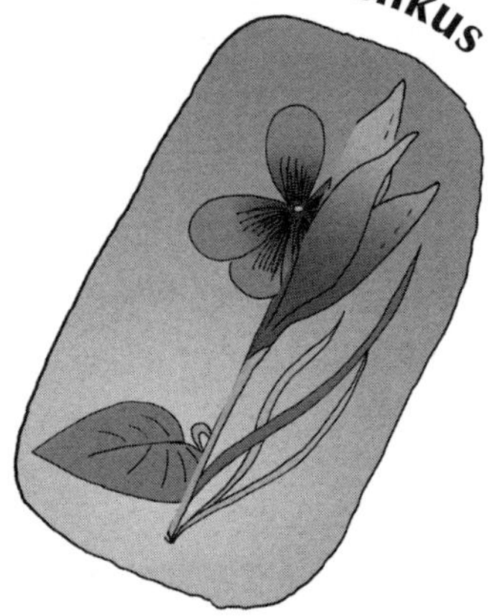

Osterpe

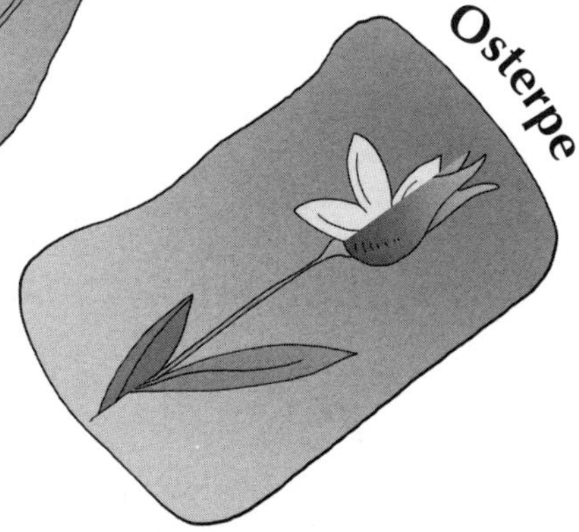

Veil	....
....	kus
Tul	....
....	glocke

OSTERN

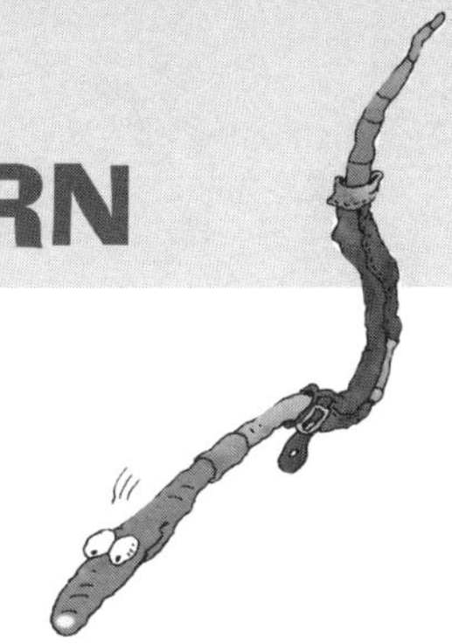

Welche Osterwörter kennst du?
Schlage im Wörterbuch nach.

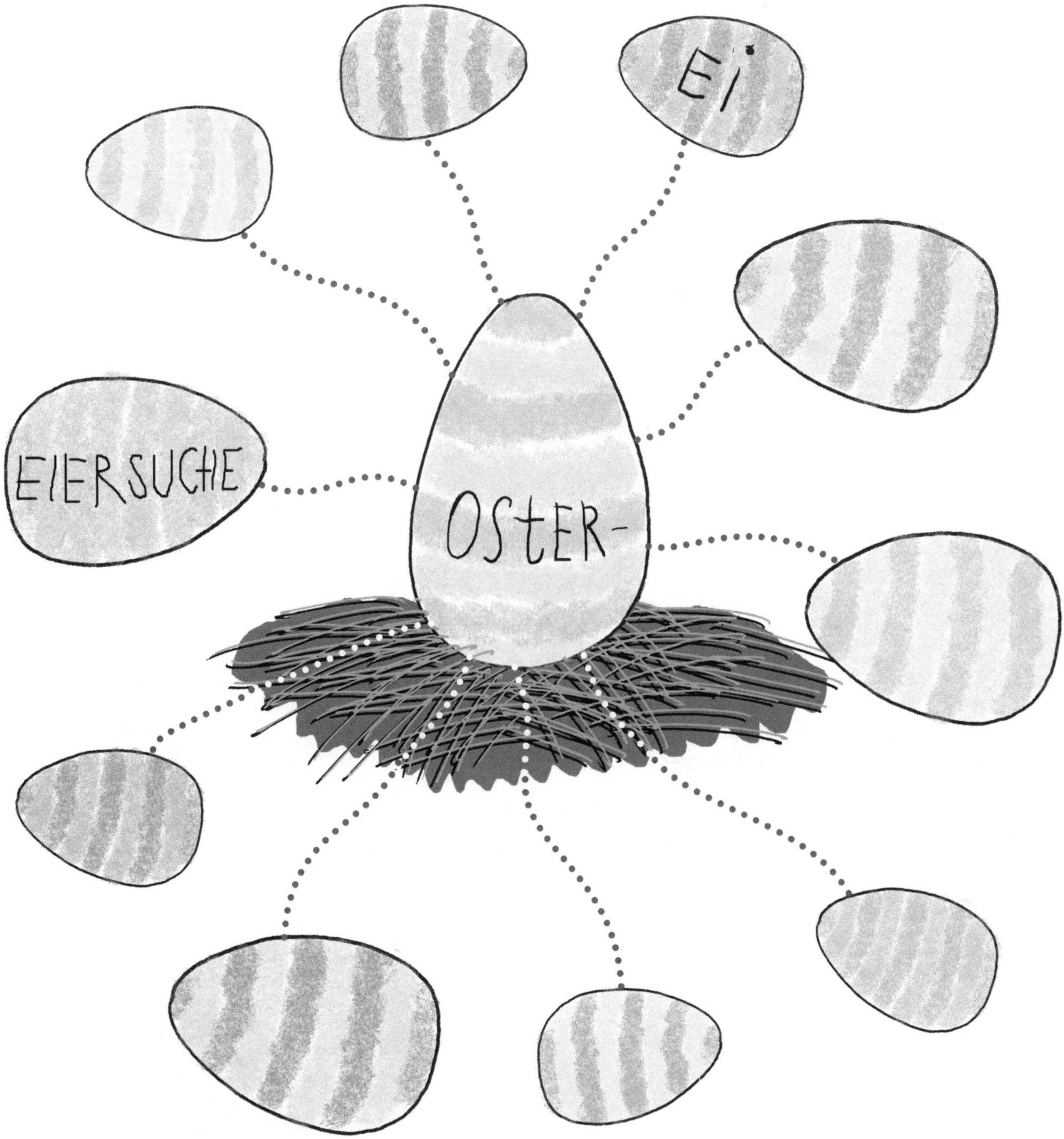

SOMMER

Welche Sommerbegriffe findest du hier?
Geh waagerecht oder senkrecht vom Anfang zum Ende.

Anfang

Bade	-hose	-ball	-see	Eis	-board	Sommer	Hand
Lager	Sonnen	Juli	feuer	Frei	Sonnen	-strand	-band
Luft	-brille	Sand	Wasser	Arm	-creme	-bad	-schule
Skate	Bagger	-burg	-reifen	-brett	-burg	Apfel	-uhr
T-	-feuer	Lager	-matratze	Bagger	-see	-ferien	Fuß
Shirt	Bade	-anzug	Luft	-rad	Sonnen	-hut	Kanu
Surf	-see	Schwimm	Bade	-ball	-spray	Kuchen	fahren

Ende

Badehose, ...

....

....

....

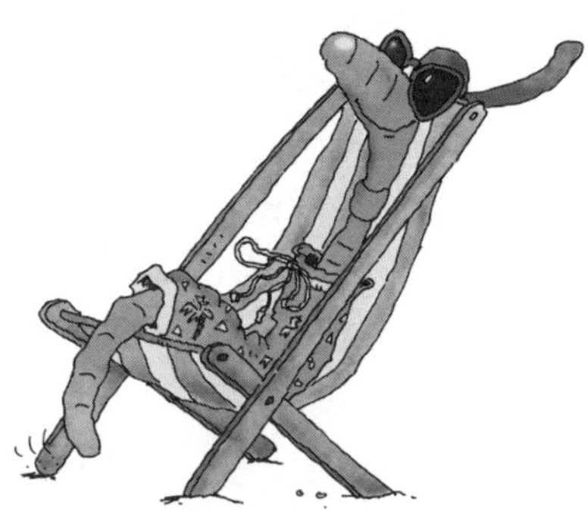

Löse das Monaterätsel.

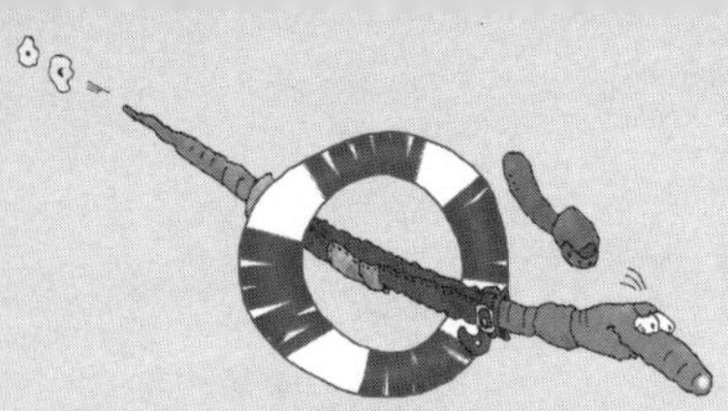

RETTUNGSRINGE

S. 87

Kapitel I

Ich kann grüßen und mich vorstellen.

Bilde zwei Gespräche. Zeichne Bilder dazu.

Guten Tag, Frau Wagner. Mein Name ist Uli.

Max.

Hanna, und wie heißt du?

Guten Tag! Ich heiße Wagner. Und wie heißt du?

Hallo! Wie ist dein Name?

Macht ein Rollenspiel

auf dem Spielplatz

Macht ein Rollenspiel

im Park

Ich kann Abzählreime aufsagen.

Spielt mit dem Lehrer.

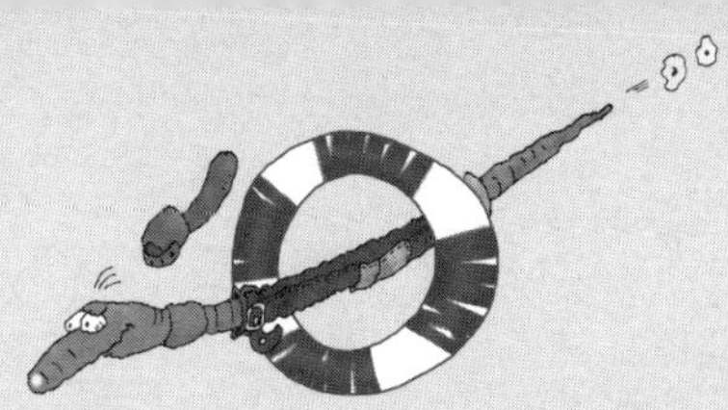

Ich kann beim Lesen schon viel verstehen.

Markiere im Text auf Seite 15 dir bekannte Wörter.

19

Ich kann beim Hören schon viel verstehen.

Was hilft dir dabei?

bekannte Wörter	Geräusche
....	....
....	....
....	....

20,21

91

Ich kann buchstabierte Wörter notieren.

Spielt Bingo!

Hör zu und schreib auf!

Name

....

Land

....

Kapitel II

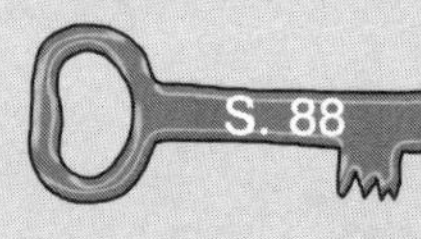

Ich kann über mich sprechen.

Felderhüpfen

Ich kann meine Schulsachen auf Deutsch nennen.

Blinde Kuh

Ich kann über meine Freunde sprechen.

Wer macht was? Setze die Wörter richtig ein.

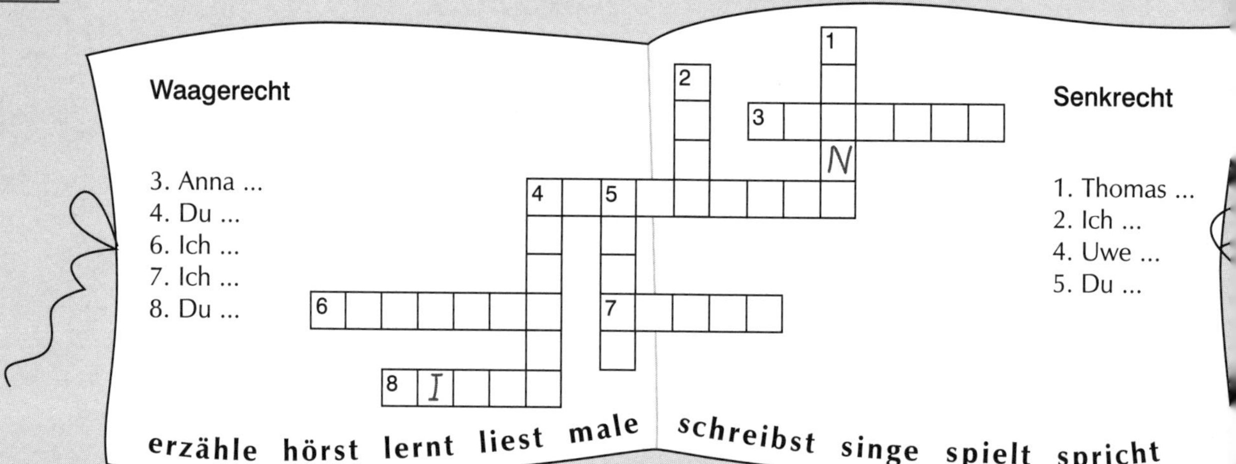

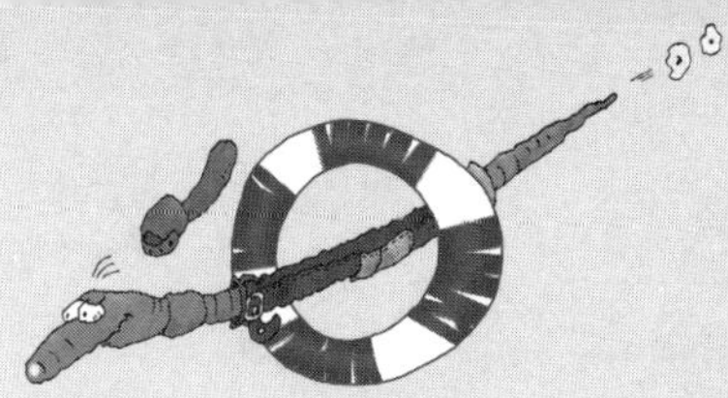

Ich kann im Deutschunterricht bitten und kurz antworten.

Wie sagt man das auf Deutsch? Bringt Steine und Würfel mit.

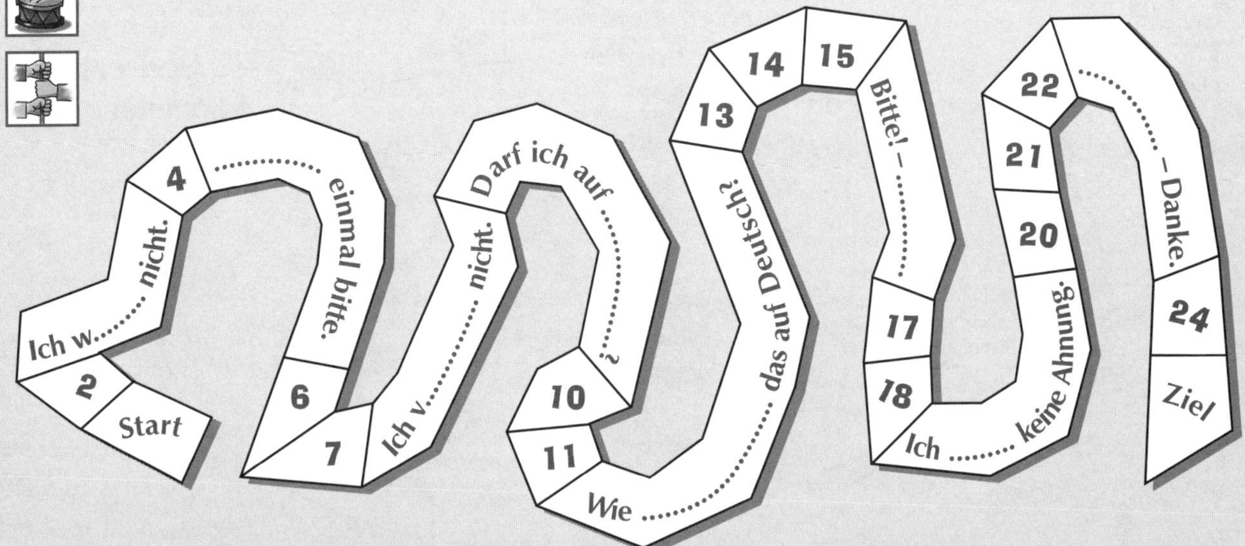

Ich kann meinen Lehrer im Deutschunterricht verstehen.

Welches Bild ist richtig? Links oder rechts?

a

Macht die Bücher bitte auf!

b

Nicht alle auf einmal, bitte!

c

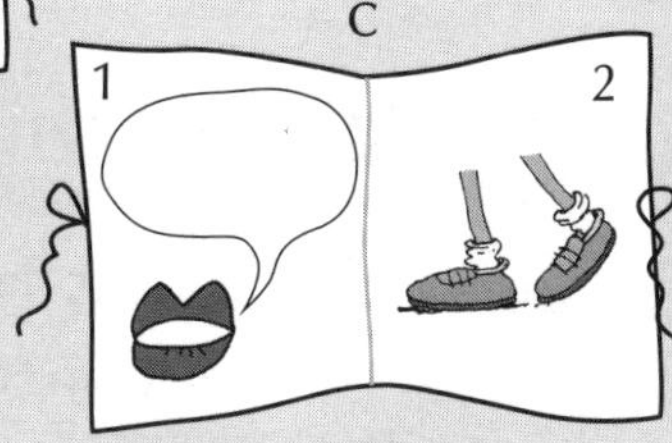

Wiederholt das bitte!

d

Arbeitet zu zweit, bitte!

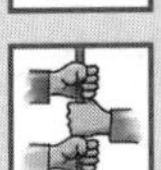

Ich kann das Gedicht „Ein Hase, der gern Bücher las" verstehen.

Ein Mitschüler macht Pantomime.
Sage die richtige Strophe auf.

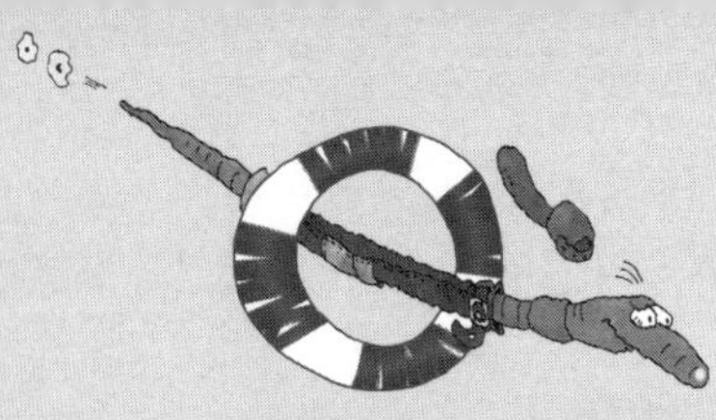

Kapitel III

S. 89

Ich kann meine Herkunft und meinen Wohnort nennen.

Visitenkarten

Ich kann das Gedicht „Eins, zwei, drei..." aufsagen.

Bringe das Gedicht in die richtige Reihenfolge. Die Reime helfen dir.

- [ ] eine alte Frau kocht Rüben,
- [ ] Eins, zwei, drei, vier, fünf, sechs, sieben,
- [ ] und du bist weg!
- [ ] eine alte Frau kocht Speck,

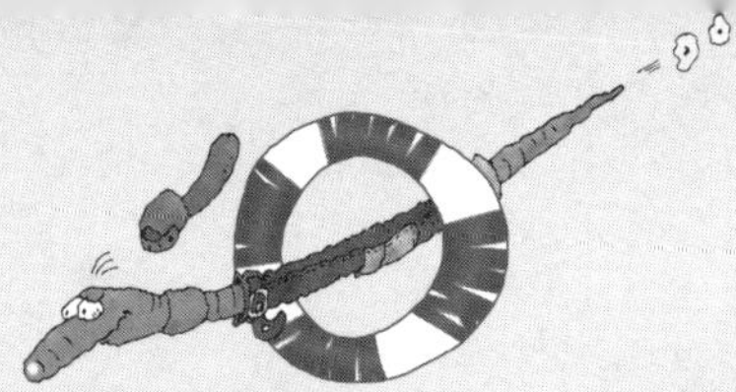

Ich kann meine Freunde und mich beschreiben.

Terzett

Charakter

artig

ʻild  langsam

Bist du ....?

Charakter

wild

langsam  artig

Bist du ....?

Charakter

langsam

artig  wild

Bist du ....?

Augen

blau

chwarz 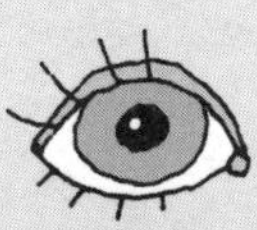 braun

ind seine Augen ....?

Augen

schwarz

braun 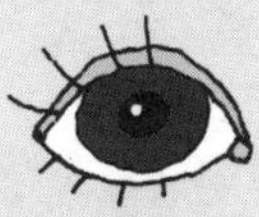 blau

Sind seine Augen ....?

Augen

braun

blau 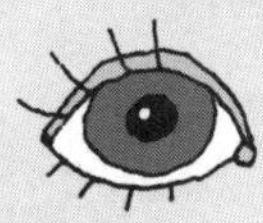 schwarz

Sind seine Augen ....?

Haare

lang

·lond  kurz

ǐind ihre Haare ....?

Haare

blond

kurz  lang

Sind ihre Haare ....?

Haare

kurz

lang  blond

Sind ihre Haare ....?

Sprache

Spanisch

ussisch Deutsch

prichst du ....?

Sprache

Deutsch

Spanisch Russisch

Sprichst du ....?

Sprache

Russisch

Deutsch Spanisch

Sprichst du ....?

Alter

13

0 11

st er .... alt?

Alter

11

13 10

Ist er .... alt?

Alter

10

11 13

Ist er .... alt?

Stadt

Madrid

udapest Vaduz

Vohnst du in ....?

Stadt

Budapest

Vaduz Madrid

Wohnst du in ....?

Stadt

Vaduz

Madrid Budapest

Wohnst du in ....?

Land

Spanien

sterreich Schweiz

ommst du aus ....?

Land

Österreich

Schweiz Spanien

Kommst du aus ....?

Land

Schweiz

Spanien Österreich

Kommst du aus ....?

Kapitel IV

S. 90

Ich kann mich kurz über meine Familie unterhalten.

Wie lauten die Fragen?
Ergänzt und spielt das Gespräch.

- ....
- Ja.
- ....
- 65.
- ....
- Nein, nicht mehr. Sie ist Rentnerin.
- Ich habe auch eine Oma. Die ist toll.

  ....
- Sie ist wirklich nett und sehr lieb.

Wie alt ist sie? Und wie ist deine Oma?
Markus, hast du eine Oma?
Arbeitet sie noch?

Wie lauten die Antworten?
Ergänzt und spielt das Gespräch.

- Ist das dein Onkel?
- ....
- Wie ist sein Name?
- ....
- Er ist aber jung!
- ....
- Was macht er?
- ....
- Hat er lange Haare?
- ....

Onkel Leo ist Taxifahrer. Mein Onkel heißt Leo. Ja, das ist der Bruder von meinem Vater. Na ja, erst 26. Ja, wie ein Mädchen.

Ich kann mein Haustier beschreiben.

Male nach der Erzählung aus und berichte über diese Haustiere.

Das, ist, mein, Kaninchen
heißt, **Es**, Bucks
lang, Ohren, sind, **Seine**
Haare, lang, sind, **Seine**, auch
weiß, **Bucks**, ist, und, rote Augen, hat
Mein, ist, Kaninchen, leise, nett, und

Kater, habe, einen, Findus, **Ich**
sehr, **Er**, freundlich, ist
schwarz, **Findus**, ist
Er, gern, jung, und, ist, spielt
hat, **Mein**, kurze Ohren, Kater
Augen, **Seine**, grün, sind

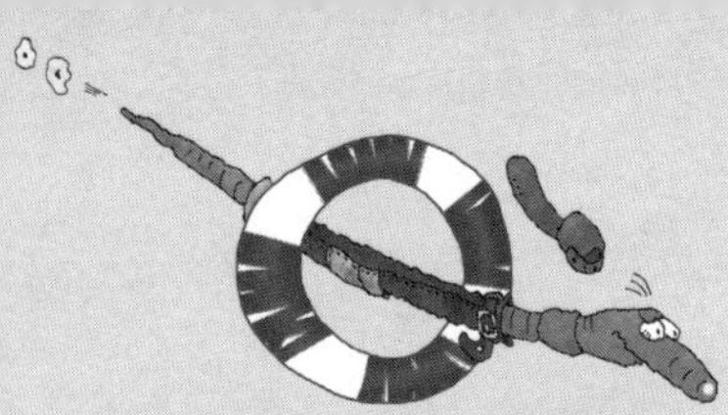

Ich kann beim Lesen schon viel verstehen.

Was passt zusammen? Verbinde.

Ich füttere ihn jeden Tag und gebe ihm Wasser.

Momo spielt gern.

Am Sonntag mache ich seinen Käfig sauber.

Ich rufe „Momo! Momo!" und er antwortet „Kiwitt! Kiwitt!"

63

Ich kann verstehen, was Leute über ihre Familie sagen.

Hör zu. Was passt zu Finn [F], was zu Beda [B]?

- sie weinen oft ☐
- hört Musik ☐
- sie sind nicht groß ☐
- sie sind nicht nett ☐
- 13 Jahre alt ☐
- hat zwei Schwestern [F]
- sein Vater arbeitet im Jugendklub ☐
- hat einen Bruder ☐
- seine Familie spielt Tennis ☐

SCHLÜSSEL

Kapitel I

Meine Stärken

Beispiel 1
- Hi! Ich heiße Marco.
- Hi! Ich bin Vanessa.

Beispiel 2
- Guten Tag, mein Name ist Fischer. Und wie heißt du?
- Jorgo. Guten Tag, Herr Fischer.

Beispiel 3
- Guten Morgen. Ich heiße Ross.
- Guten Morgen, Herr Ross. Mein Name ist Schmidt.

Sport

1. am Bahnhof, 2. in der Schule, 3. im Kaufhaus, 4. in der Kirche

Rettungsringe

Beispiel 1
- Guten Tag! Ich heiße Wagner. Und wie heißt du?
- Guten Tag, Frau Wagner. Mein Name ist Uli.

Beispiel 2
- Hallo! Wie ist dein Name?
- Hanna, und wie heißt du?
- Max.

z. B. „auf dem Spielplatz"
- Servus!
- Servus! Wie ist dein Name?
- Petimat. Und wie heißt du denn?
- Marie.

z. B. „im Park"
- Guten Abend. Mein Name ist Bieber.
- Guten Abend, Herr Bieber. Ich heiße Siebert.

Halle, trainieren, Mädchen, Jungen, Fußball, Volleyball

Ich kann beim Hören schon viel verstehen: bekannte Wörter: Guten Tag!, Radios, Vater, Amen.

Ich kann buchstabierte Wörter notieren: Name: Kosinski; Land: Österreich

Kapitel II

Meine Stärken

Beispiel 1
- Was machst du im Deutschunterricht gern?
- Ich male und lese gern.

Beispiel 2
- Was machst du im Deutschunterric nicht gern?
- Ich höre Kassetten nicht gern, aber ich singe sehr gern.

Schulsachen:

1. Was ist das?
- Das ist eine Schere, ein Klebstoff, eine Tafel, ein Farbstift, ein Rekorder, ein Bild.

2. ... oder ... , z. B.:
- Ein Ordner oder eine Mappe? - Das ist keine Mappe, das ist ein Ordner.
- Ein Federmäppchen. Oder ein Lineal? - Das ist kein Lineal, das ist ein Federmäppchen.
- Eine Klebemasse oder ein Klebstoff? - Das ist kei Klebstoff, das ist eine Klebemasse ...

Bitten und Antworten:
Keine Ahnung.; Ich weiß nicht.; Darf ich auf die Toilette?; Noch einmal, bitte.; Bitte helfen Sie mir, Frau Krause.; Wie heißt das auf Deutsch?

Rettungsringe

Felderhüpfen 1
- Martin, was machst du im Deutschunterricht gern?
- Ich lese gern im Buch und höre gern Lieder. Und du?
- Ich höre auch gern Kassetten.

Felderhüpfen 2
- Was machst du im Deutschunterricht nicht gern, Eva?
- Ich male und singe nicht gern. Und was machst du nicht gern?
- Ich singe auch nicht gern, aber ich erzähle gern.

Kreuzworträtsel – waagerecht: 3. spricht, 4. schreibst, 6. erzähle, 7. singe, 8. lies
senkrecht: 1. lernt, 2. male, 4. spielt, 5. hörst

Brettspiel – 1. weiß; 2. Noch; 3. verstehe; 4. die Toilette; 5. heißt; 6. Danke; 7. habe; 8. Bitte!

a2; b2; c1; d2

Kapitel III

Meine Stärken

Beispiel 1

- Hallo, wie heißt du?
- Mein Name ist Holger. Und wie heißt du?
- Markus. Ich komme aus Österreich, und du?
- Aus Deutschland, aus Hamburg. Wo wohnst du in Österreich?
- In Salzburg.

Beispiel 2

- Markus, gibst du mir deine Adresse?
- Wasserstraße 5A Wohnung 6.
- Und deine Telefonnummer?
- Meine Telefonnummer, hm... 6785319.
- OK, danke.

Beispiel 1, über mich:

Ich bin zehn. Ich bin klein, nur ein Meter zwanzig. Meine Augen sind blau und meine Haare sind blond. Ich bin nett, nicht frech und immer artig. Ich spreche gut Deutsch und spiele gern Fußball.

Beispiel 2, über meine Freundin:

Andrea ist meine Freundin. Sie ist elf Jahre alt. Sie ist groß, ein Meter vierzig. Ihre Augen und Haare sind schwarz. Sie ist schnell und nicht frech. Sie spricht Englisch.

Größe: 1 Meter 40; Haare: lang, braun; Augen: blau; Lieblingsfarbe: Rosa; Hobbys: Computer spielen.; Sprachen: Französisch, Englisch.

Rettungsringe

Beispiel 1, weiße Visitenkarten:

- Hi, ich heiße Conrado.
- Mein Name ist Milena. Woher kommst du?
- Aus Spanien, und du aus Polen?
- Nein, aus der Slowakei. Wo wohnst du in Spanien?
- In Madrid.

Beispiel 2, graue Visitenkarten:

- Gibst du mir deine Adresse?
- Klar, Fischerstraße 19.
- Und deine Telefonnummer?
- 7940182. Gib mir aber auch deine E-Mail.
- OK, boo@t-online.de

Kapitel IV

Meine Stärken

Beispiel 1
- Wie heißt dein Bruder?
- Roberto. Hast du auch einen Bruder?
- Nein, eine Schwester, Maria. Und wie alt ist Roberto?
- Zwölf. Und was macht deine Schwester?
- Sie ist Studentin...

Beispiel 2
- Hast du einen Hund?
- Einen Hund und eine Katze. Und du?
- Ich habe einen Hamster, er heißt Bobi.
- Aha...

Beispiel: Das ist meine Schildkröte. Sie heißt Lulu. Sie hat keine Haare und ist braun-gelb. Ihre Augen sind golden. Sie hat eine kurze Nase. Lulu ist leis und spielt gern.

2, 3, 5 und 6, 1, 6

Finn hat zwei Schwestern. Sie sind klein und ziemlich frech.
Beda hat einen Bruder. Er ist 13 Jahre alt, spielt Tennis und hört gern Musik. Se Vater ist Tennistrainer im Jugendklub.

Rettungsringe

Beispiel 1
- Markus, hast du eine Oma?
- Ja.
- Wie alt ist sie?
- 65.
- Arbeitet sie noch?
- Nein, nicht mehr. Sie ist Rentnerin.
- Ich habe auch eine Oma. Die ist toll. Und wie ist deine Oma?
- Sie ist wirklich nett und sehr lieb.

Beispiel 2
- Ist das dein Onkel?
- Ja, das ist der Bruder von meinem Vate
- Wie ist sein Name?
- Mein Onkel heißt Leo.
- Er ist aber jung!
- Na ja, erst 26.
- Was macht er?
- Onkel Leo ist Taxifahrer.
- Hat er lange Haare?
- Ja, wie ein Mädchen.

Beispiel 1
Das ist mein Kaninchen. **Es** heißt Bucks. **Seine** Ohren sind lang. **Seine** Haare sind auch lang. **Bucks** ist weiß und hat rote Augen. **Mein** Kaninchen ist nett und leise.

Beispiel 2
Ich habe einen Kater. Er heißt Findus. **E** ist sehr freundlich. **Findus** ist schwarz. **E** ist jung und spielt gern. **Mein** Kater ha kurze Ohren. **Seine** Augen sind grün.

1. Am Sonntag mache ich seinen Käfig sauber. 2. Ich füttere ihn jeden Tag und gebe ihm Wasser. 3. Ich rufe „Momo! Momo!" und er antwortet „Kiwitt!" „Kiwitt!" 4. Momo spielt gern.

Finn – hat zwei Schwestern, sie sind nicht nett, sie weinen oft, sie sind nicht groß.
Beda – hat einen Bruder (ist 13 Jahre alt), hört Musik, sein Vater arbeitet im Jugendklub, seine Familie spielt Tennis.

SPIELBESCHREIBUNGEN

Kapitel I

Seite 76, Rettungsringe: Ich kann Abzählreime aufsagen.

Ziel: Training der Fertigkeit „ich erzähle"
Sozialform: die ganze Klasse
Requisiten: Folie mit den Abzählreimen, Reißzwecken oder kleine Steine, OHP
Spielverlauf: Der Lehrer präsentiert auf der Folie den ersten Abzählreim, die Klasse liest im Chor. Der Lehrer wirft dann auf die Folie 4–5 Reißzwecken, so dass sie den Text etwas verdecken, und lässt die Schüler wieder im Chor vorlesen. Der Lehrer wirft noch mehr Reißzwecken dazu und wählt die Schüler zum Vorlesen des Reimes, die Schwierigkeiten hatten, sich den Abzählreim zu merken. Der Lehrer schaltet den Projektor aus und einer von den Schülern wiederholt den Reim aus dem Kopf.
Variante: Sozialform: Partnerarbeit
Jedes Paar schlägt das Lehrbuch (Seite 21) auf. Der eine Schüler legt 4–5 Steine auf den Text, der andere liest ihn vor. Die Rollen werden getauscht. Derjenige, der den Reim gelesen hat, legt 2–3 Steine hinzu und sein Partner liest den Text vor, usw.
Es kann mehrmals gespielt werden.

Seite 77, Rettungsringe: Ich kann buchstabierte Wörter notieren.

Ziel: Festigung der Aussprache des Alphabets, Vorbereitung auf das Buchstabieren
Sozialform: die ganze Klasse
Requisiten: Kärtchen mit Buchstaben des deutschen ABCs
Spielverlauf: Die Schüler tragen in willkürlicher Reihenfolge neun Buchstaben aus dem deutschen ABC in die Kästchen ein. Der Lehrer mischt die Kärtchen und zieht dann jeweils einen Buchstaben, den er laut vorliest. Die Schüler suchen die genannten Buchstaben und kreuzen sie an. Derjenige, der zuerst eine waagerechte, senkrechte oder diagonale Linie angekreuzter Buchstaben erhält und BINGO ruft, hat das Spiel gewonnen. Zur Belohnung darf er sich in die Rolle des Lehrers versetzen und das Spiel geht weiter. (Die weiteren Felder für das Bingospiel zeichnen die Schüler selbst in ihre Hefte. Die Gewinner rufen den anderen Schülern die Buchstaben zu.)

Kapitel II

Übung 2, Seite 17: Memo-Spiel (Was passt zusammen?)

Ziel: Training der Fertigkeit „ich erzähle", Wortschatzfestigung
Sozialform: kleine Gruppen
Requisiten: Kärtchen für das Memo-Spiel
Spielverlauf: Die Schüler wiederholen vor dem Spiel die Wörter, die sich auf den Memo-Spiel-Kärtchen befinden und prüfen, ob alle Paare stimmen (immer Bild + Wort). Die Kärtchen werden dann gemischt und mit den Bildern oder Namen nach unten gelegt. Derjenige, der das Spiel beginnt, legt zwei beliebige Kärtchen nach oben und versucht, ein Paar zu finden (Wort + Bild), wobei das Wort richtig ausgesprochen werden muss. Wenn er ein Paar findet, legt er es an die Seite und versucht es weiter. Wenn er kein Paar findet, legt er die Kärtchen mit den Namen/Bildern nach unten wieder zurück und jetzt zieht der nächste Spieler zwei Kärtchen.

Übung 2, Seite 19: Domino (Schneide aus und spiele.)

Ziel: Wortschatzfestigung, Ausspracheübung
Sozialform: kleine Gruppen
Requisiten: ausgeschnittene Dominosteine mit Wörtern und Bildern
Spielverlauf: Die Dominosteine liegen mit der Aufschrift oder dem Bild nach unten. Ein Dominostein wird aufgedeckt. Der erste Spieler deckt einen anderen Dominostein auf. Wenn er diesen Stein entsprechend links oder rechts dazu legen kann, hat er diese Runde erstmal beendet. Er sagt auf, was er auf seinem Stein hat. Der nächste Spieler ist jetzt dran. **Beispiel:** Der erste aufgelegte Dominostein ist: Rucksack (als Bild) + die Mappe (als Wort). Die zwei passenden Steine wären in diesem Fall: 1. Lineal (als Bild) + Rucksack (als Wort) und 2. die Mappe (als Bild) + der Tesafilm (als Wort).
Wenn der erste Spieler aber keinen passenden Stein gezogen hat, zieht er den nächsten und behält den ersten Stein bei sich. Er zieht so lange neue Steine, bis er endlich einen passenden gefunden hat. Alle Steine, die nicht passend sind, behält er bei sich. Irgendwann sind alle Steine bei den Spielern. Jetzt legen die Spieler ihre Steine der Reihe nach. Wenn der Spieler, der gerade dran ist, keinen passenden Stein hat, ist für ihn diese Runde beendet. Er muss warten, bis er wieder dran ist. Jetzt legt der nächste den passenden Stein dazu. Jeder Spieler, den seinen Stein dazulegen kann, sagt das richtige Wort auf. Gewonnen hat derjenige, der alle seine Dominosteine dazu gelegt hat.

Seite 78, Rettungsringe: Ich kann über mich sprechen.

Ziel: Training der Fertigkeit „ich spreche“
Sozialform: kleine Gruppen
Requisiten: Kärtchen mit den Dialogteilen (jede Aussage auf einem anderen Blatt Papier, die Rückseite mit kleinen Ziffern in einer Ecke nummeriert) von den Schülern vorbereitet, die Markierung für das Hüpfspiel (4 Felder) mit Kreide gezeichnet
Spielverlauf: Die Schüler legen die Kärtchen zufallsweise mit der Aufschrift nach oben auf die Felder. Eine Person soll dann von einem Feld in ein anderes hüpfen, so dass sich daraus ein logisches Gespräch entwickelt (die anderen aus der Gruppe lesen das fertige Gespräch vor). Zum Schluss wird mit der Nummerierung auf den Rückseiten kontrolliert.
Zwei weitere Schüler spielen eine Szene. Die Kärtchen werden gemischt und ein nächstes Mal ausgelegt. Die Schüler tauschen ihre Rollen. Die Übung kann mit anderen Dialogen gemacht werden (Kärtchentausch zwischen den Gruppen).
Variante: Die Schüler sitzen in den Schulbänken. Sie verwenden zum Spiel das Arbeitsbuch (Seite 78). Die „Sprünge“ werden mit den Fingern gemacht.

Seite 78, Rettungsringe: Ich kann meine Schulsachen auf Deutsch nennen.

Ziel: Training der Fertigkeit „ich erzähle“
Sozialform: die ganze Klasse
Requisiten: –
Spielverlauf: Auf dem Tisch liegen Schulsachen, deren Namen im Kapitel II trainiert wurden. Die Sachen sind mit einem Halstuch oder einer Tischdecke bedeckt. Einer der Schüler schiebt seine Hand unter das Tuch und versucht, die Gegenstände nach ihrer Form, Beschaffenheit, usw. zu erraten. Er nennt den jeweiligen Gegenstand und zeigt ihn der Klasse, die bestätigen soll, ob die Aufgabe richtig gemacht wurde.

Seite 79, Rettungsringe: Ich kann im Unterricht bitten und kurz antworten.

Ziel: Festigung des Wortschatzes und Ausspracheübung
Sozialform: kleine Gruppen
Requisiten: Spielkarte (Seite 79), Würfel, Spielfiguren (entsprechend der Spieleranzahl)
Spielverlauf: Jeder Spieler wählt sich eine Spielfigur. Alle Spieler stellen ihre Spielfiguren auf das Feld „Start“. Die Schüler würfeln jetzt der Reihe nach. Derjenige, der eine „Sechs“ oder die höchste Zahl gewürfelt hat, beginnt das Spiel. Er würfelt noch einmal und bewegt sich so viele Felder nach vorne, wie viel er gerade gewürfelt hat. Wenn er auf ein Feld mit dem angefangenen Satz kommt, muss er diesen Satz beenden oder ergänzen. Wenn er das richtig macht, darf er auf dem Feld stehen bleiben. Wenn er aber die Antwort nicht weiß, muss er auf das vorherige Feld zurück. Der nächste Spieler ist dran. Es können auch mehrere Spieler gleichzeitig auf einem Feld stehen. Jedes Mal muss aber die Aufgabe gelöst werden. Gewonnen hat derjenige, der zuerst auf das Feld „Ziel“ kommt.

Kapitel III

Übung 1, Seite 42: Spiele Bingo.

Ziel: Training der Fertigkeiten „ich lese und verstehe“ und „ich höre und verstehe“, Festigung des Wortschatzes und Ausspracheübung
Sozialform: die ganze Klasse
Requisiten: Bingokarte (Seite 42, Übung 1), Wortkarten, Hefte
Spielverlauf: Die Schüler tragen in die Bingokarten beliebig die angegebenen Wörter. Beim Hören kreuzen sie die vorgesagten Wörter an. Gewonnen hat, wer als erster eine waagerechte, senkrechte oder diagonale Linie angekreuzter Wörter auf seiner Bingokarte erhält und dann BINGO ruft.
Variante: Die Bingokarten werden nachher in die Hefte gezeichnet und die angegebenen Wörter beliebig hineingeschrieben. Die Wörter werden auch zusätzlich auf die separaten Kärtchen geschrieben (Hilfe beim Lesen). Derjenige, der die letzte Runde gewonnen hat, darf jetzt die Wörter aus den Kärtchen den anderen vorsagen.

Seite 80, Rettungsringe: Ich kann meine Herkunft und meinen Wohnort nennen.

Ziel: Training der Fertigkeit „ich spreche“
Sozialform: Partnerarbeit
Requisiten: Visitenkarten (siehe Arbeitsbuch, Seite 107)
Spielverlauf: Jeder Schüler zieht eine Visitenkarte (entweder immer die weißen oder die grauen – siehe Arbeitsbuch). Den Informationen auf den Visitenkarten entsprechend wird ein Gespräch geführt: weiße Karten – Vorname, Land, Wohnort; graue Karten – Straße, Telefonnummer, E-Mail-Adresse. Nach jeder Runde werden die Visitenkarten gesammelt, gemischt und wiederum ausgeteilt.

Seite 81, Rettungsringe: Ich kann meine Freunde und mich beschreiben.

Ziel: Training der Fertigkeiten „ich spreche“ und „ich lese und verstehe“
Sozialform: kleine Gruppen
Requisiten: je ein Terzettset für die Gruppe
Spielverlauf: Das Ziel ist es, so viele Terzette wie möglich zu sammeln, d.h. drei Karten, die ein Terzett bilden, z. B. „Augen“. Die Schüler mischen und teilen die Karten aus. Es wird geprüft, ob am Anfang bereits Terzette bei den Schülern vorhanden sind. Wenn ja, werden diese zur Seite gelegt. Ein deutscher Abzählreim soll den Beginnenden bestimmen. Angenommen, er sammelt z.B. das Terzett „Charakter“ und es fehlt ihm die Karte mit dem Wort „artig“: Er fragt irgendeinen seiner Mitspieler, indem er den Satz unten auf der Karte verwendet „Bist du artig, Martin?“. Wenn dieser die Karte hat, antwortet er: „Ja.“ und gibt ihm die Karte. Der Spieler kann so lange weiterfragen, bis er von diesem oder einem anderen Spieler eine negative Antwort bekommt. Er legt alle Terzette zur Seite. Hat der Mitspieler die Karte nicht, antwortet er: „Nein.“ Dann ist dieser an der Reihe und fragt nach den fehlenden Karten usw. Gewonnen hat derjenige, der die meiste Anzahl von Terzetten gesammelt hat.

Kapitel IV

Übung 3, Seite 50: Spiele. Viel Spaß!

Ziel: Training der Fertigkeit „ich spreche“
Sozialform: kleine Gruppen
Requisiten: Spielplan (Seite 50, Übung 3), Spielfiguren, Spielwürfel
Spielverlauf: Alle Spieler stellen ihre Figuren auf das Startfeld. Der Beginnende wird durch einen deutschen Abzählreim bestimmt. Er würfelt und bewegt sich (je nach gewürfelter Augenzahl) auf dem Spielplan. Landet er auf einem leeren Feld, so muss er den Würfel seinem Mitspieler links geben. Landet er auf dem Feld mit einem Satz, so muss er seinem Mitspieler links eine Frage stellen (entsprechend der angegebenen Beispiele für weiße und graue Felder). Der Gefragte muss antworten, bei der richtigen Antwort darf er würfeln, bei der falschen Antwort würfelt der andere Mitspieler (immer der linke), wenn dieser die Antwort weiß. Kann der Schüler eine Frage nicht richtig stellen, so muss er auf das vorherige Feld zurück. Gewonnen hat derjenige, der als erster das Ziel erreicht.

Übung 5, Seite 53: Spiele Lotto.

Ziel: Wortschatzfestigung
Sozialform: kleine Gruppen
Requisiten: zerschnittene Kärtchen zum Lottospiel
Spielverlauf: Die Bilderkärtchen müssen vom Lerner richtig auf die Wortkärtchen gelegt werden. Die Berufsnamen sollen dabei laut ausgesprochen werden. Der andere Mitspieler zählt die richtigen Antworten. Die Rollen werden getauscht. Gewonnen hat derjenige, der die meiste Punktzahl erreicht hat.
Variante: Die Bilder liegen auf den Wortkärtchen. Der Lerner nennt den Beruf und hebt das seiner Meinung nach entsprechende Bild hoch. Er kontrolliert es mit der Aufschrift. Ist der Name richtig, darf er sich das Bild nehmen. Hat er das Bild falsch genannt, legt er es zurück. Das Spiel geht weiter, die Rollen werden getauscht. Gewonnen hat, wer die meiste Bilderzahl gesammelt hat.
Die Kärtchen zum Lottospiel eignen sich auch zum Memo-spiel oder zum Üben der kommunikativen Strategien (siehe Kapitel II, Seite 17 und 19). Alle Kärtchen müssen dann zerschnitten werden.

Übung 3, Seite 58: Bilde möglichst viele Sätze.

Ziel: Satzstellung – Lernen „mit allen Sinnen“
Sozialform: 5-Personen-Gruppen
Requisiten: A4-Blätter, Filzstifte
Spielverlauf: Jede Gruppe wählt sich einen Satz aus. Die einzelnen Wörter oder Wortgruppen werden auf die separaten Blätter geschrieben. Es muss in der Gruppe entschieden werden, in welcher Reihenfolge die Wörter stehen müssen, so dass richtige Sätze entstehen. Die Gruppe, die das Spiel beginnt, stellt sich vor die Klasse. Jeder Schüler hält seinen Satzteil in den Händen. Alle Schüler stellen sich in der vereinbarten Reihenfolge auf und lesen den Satz vor. Die anderen Schüler sind die Experten. Sie stimmen zu oder korrigieren. Die Gruppe stellt sich neu hin und zeigt eine andere Variante. Für jeden richtigen Satz wird ein Punkt erteilt. (Die Punkte kann derjenige Schüler an der Tafel notieren, der nicht mitspielen kann oder will.) Nach der Präsentation stellt der Lehrer folgende Frage: Welches Wort im Satz ändert seine Stelle nicht? Den Schülern wird bewusst, dass es sich um die Wörter „muss“, „besuche“ oder „füttere“ handelt. Brauchen die Schüler Hilfe, fragt der Lehrer: „Wer hat sich während des Spiels nicht bewegt?“ Am Ende wird zusammengefasst, ohne die richtige „Grammatiksprache“ zu verwenden, und die nächste Gruppe ist an der Reihe. Nach dem Spiel können die Blätter mit dem markierten Verb, die einen Satz ergeben, im Unterrichtsraum ausgehängt werden.
Variante: Es können vom Lehrer auch eigene Sätze angeboten werden, die aus so vielen Wörtern bestehen, dass sie der Schüleranzahl in der Klasse entsprechen.

Übung 3, Seite 61: Suche den Partner.

Ziel: Ausspracheübung, Training der Fertigkeit „ich höre und verstehe“, Wortschatzfestigung
Sozialform: die ganze Klasse (gerade Schüleranzahl, max. 24 Schüler)
Requisiten: ausgeschnittene Wort- und Bilderkärtchen
Spielverlauf: Jeder Schüler zieht ein Kärtchen, das er den anderen nicht zeigen darf. Alle treten hinter den Schulbänken hervor und gehen z. B. nach draußen. Jeder „spricht“ leise das, was auf dem Kärtchen steht, achtet dabei auf die richtige Aussprache und hört gleichzeitig auf die anderen. Die Aufgabe der Schüler besteht darin, das Paar zu finden, z.B. „Grillen – zirpen“.
Variante: Bei einer kleineren Schüleranzahl als 24 müssen entsprechend Kärtchenpaare aus dem Spiel herausgenommen werden. Bei einer größeren Schüleranzahl muss der Lehrer zusätzliche Paare mit neuen Tieren und „Tiersprachen“ bilden. Bei einer ungeraden Schüleranzahl bekommen zwei Schüler ein gemeinsames Kärtchen.

KOPIERVORLAGEN

Lernstationen, Kapitel III, Seite 64 im Lehrbuch

Vorbereitung der Stationen

Stationenmarkierung
Schneiden Sie die Stationenschilder (siehe nächste Seite) aus und kleben Sie sie auf ein Stück Pappe. Falten Sie die Pappe vorher, so dass Sie ein „Dach", das selbstständig stehen kann, erhalten.

Station 1
Kleben Sie die Dialoge auf ein Stück Pappe. Schneiden Sie jeden Textstreifen einzeln aus und lochen Sie ihn an der dafür vorgesehenen Stelle. Mischen Sie die Textstreifen aus den drei Dialogen und legen Sie sie übereinander. Fädeln Sie nun einen Faden oder ein Stück Band durch die Löcher und binden Sie sie zusammen.

Station 2
Kopieren Sie die Blätter in der benötigten Anzahl (abhängig von der Anzahl der Mädchen und Jungen). Auf dieser Station liegen auch Stifte in den jeweiligen Farben bereit (zwei oder drei Packungen je nach Anzahl der Schüler in der Klasse).

Station 3
Der Pass von Hanna Rosbach sollte als Beispiel fest an der Station angebracht werden. Die leeren „Passformulare" sollten je nach Schülerzahl kopiert werden.

Station 4
Das Feld 4 sollte als Beispiel fest an der Station angebracht werden. Die restlichen Felder sollten je nach Schülerzahl (immer 2 gleiche Exemplare pro Schülerpaar) kopiert werden.

Station 5
Kopie auf Pappe kleben. Kärtchen ausschneiden, an jede eine Büroklammer heften. Legen Sie sie in einen kleinen Pappkarton, z. B. Schuhkarton. Basteln Sie aus den Bleistiften, dem Faden und kleinen Magneten Angeln (siehe Lehrbuch, Seite 64). Die Magnete sind im Schreibwarenladen erhältlich.

Station 6
Kopieren Sie die Blätter je nach Schülerzahl. Um die Aufgabe zu lösen, benötigen die Schüler auch eine Landkarte oder einen Schulatlas der deutschsprachigen Länder mit markierten Städten. An dieser Station gibt es keine Begrenzung der Schülerzahl, denn die Schüler sollen hier arbeiten, wenn die anderen Stationen bereits besetzt sind oder sie mit ihren Aufgaben an den anderen Stationen fertig sind.

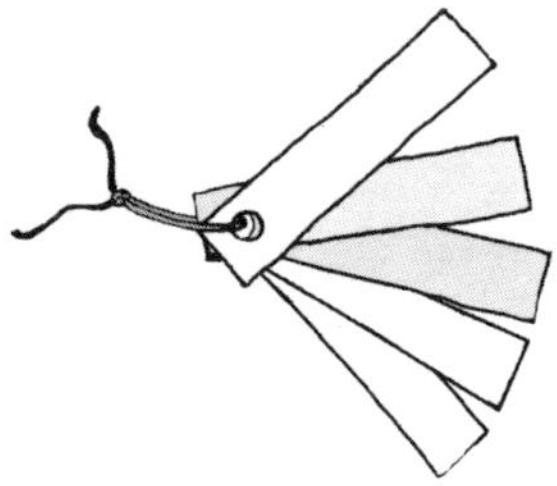

1. Fächer

Finde die 3 Dialoge und du erfährst, wie die Tiere auf den Zeichnungen auf Deutsch heißen.

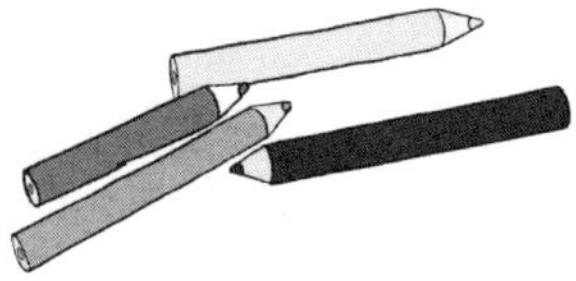

2. Ausmalen

Wähle die richtige Karte (für Mädchen oder Jungen) und male das Bild aus.

3. Mein Regenwurm-Pass

Hanna hat ihren Pass. Mach dir einen ähnlichen.

4. Schiffe versenken

Wählt ein Spiel. Schreibt die Wörter/Schiffe in die einzelnen Kästchen. Jeder Buchstabe in ein Kästchen. Spielt eine Runde. Die Person, die das Schiff versenkt hat, muss sagen, um welches Wort es sich handelt.

Wie die Schiffe angeordnet werden sollen und wie man das Gespräch führen soll, seht ihr an dem Beispiel auf der Bank.

5. Wörter fischen

Fische fünf Kärtchen aus dem Karton. Bilde einen Satz mit jedem herausgefischten Wort. Schreibe die Sätze in deinem Arbeitsblatt auf. Bitte deinen Freund/ deine Freundin darum, deine Sätze zu kontrollieren.

6. Ausweichstation

Trage die Städtenamen in die Landkarte ein. Jeder Stadt ist ein Buchstabe zugeordnet. Die Reihenfolge der Buchstaben (von 1 bis 11) ergibt die Lösung.

Station 1

Wie alt ist Diana? 	E
Sie ist zehn.	S
Und du?	E
Ich? Ich auch.	L
Wo wohnst du? 	L
In der Birken-Straße.	Ö
Gibst du mir deine Telefonnummer?	W
Klar! 8690112.	E
Woher kommst du? 	A
Aus Litauen.	F
Wo wohnst du in Litauen?	F
In Vilnius.	E

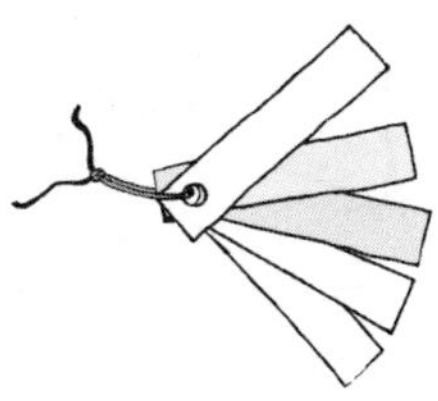

Station 2

Mädchen

1. grün
2. gelb
3. orange
4. schwarz
5. braun
6. rot
7. blau
8. grau
9. violett

Jungen

1. grün
2. gelb
3. orange
4. schwarz
5. braun
6. rot
7. blau
8. grau
9. violett

Station 3

Mein Regenwurm-Pass

hier falten

1. Vorname und Familienname
Ich heiße Hanna Rosbach.

2. Land
Ich komme aus Deutschland.

3. Stadt
Ich wohne in Köln.

4. Adresse
Meine Adresse ist Brotstraße 49.

5. Telefonnummer
Meine Telefonnummer ist 973154.

6. Besondere Merkmale
Ich bin groß. Ich bin nett und nicht leise.

7. Lieblingsfarbe
Meine Lieblingsfarbe ist Rot.

8. Sprachen
Ich lerne Englisch und Spanisch.

9. beliebte Aktivitäten

in der Schule	gern	nicht gern
Ich lerne Englisch	v	
Ich höre CD-Platten	v	
Ich lese		v
Ich spiele	v	
Ich schreibe		v

Mein Regenwurm-Pass

1. Vorname und Familienname

....

2. Land

....

3. Stadt

....

4. Adresse

....

5. Telefonnummer

....

6. Besondere Merkmale

....

....

7. Lieblingsfarbe

....

8. Sprachen

....

9. beliebte Aktivitäten in der Schule

	gern	nicht gern
Ich lerne Deutsch		
Ich höre CD-Platten		
Ich lese		
Ich spiele		
Ich schreibe		

Station 4

	A	B	C	D	E	F	G	H	I	J	K	L
1												
2												
3												
4												
5												
6												
7												
8												
9												
10												
11												
12												

IHRE, SIND, BLAU, SEINE, DIE

	A	B	C	D	E	F	G	H	I	J	K	L
1												
2												
3												
4												
5												
6												
7												
8												
9												
10												
11												
12												

IHRE, SIND, BLAU, SEINE, DIE

	A	B	C	D	E	F	G	H	I	J	K	L
1												
2												
3												
4												
5												
6												
7												
8												
9												
10												
11												
12												

BIN, MEINE, IST, GRÜN, DAS

	A	B	C	D	E	F	G	H	I	J	K	L
1												
2												
3												
4												
5												
6												
7												
8												
9												
10												
11												
12												

BIN, MEINE, IST, GRÜN, DAS

	A	B	C	D	E	F	G	H	I	J	K	L
1												
2												
3												
4												
5												
6												
7												
8												
9												
10												
11												
12												

DEINE, BRAUN, GELB, BIST, DER

	A	B	C	D	E	F	G	H	I	J	K	L
1												
2												
3												
4												
5												
6												
7												
8												
9												
10												
11												
12												

DEINE, BRAUN, GELB, BIST, DER

	A	B	C	D	E	F	G	H	I	J	K	L
1												
2		M	U	N	D							
3									O			
4									H	R		
5												
6				A	U							
7					G	E						
8												
9								W				
10			E					O	H	E	R	
11			R									
12												

ER, WOHER, OHR, MUND, AUGE

	A	B	C	D	E	F	G	H	I	J	K	L
1												
2												
3												
4												
5												
6												
7												
8												
9												
10												
11												
12												

Station 5

Woher?	Bist ...?	Wie?
wohn**e**	in	wohn**st**
komm**t**	wohn**st**	sind
Wo?	aus	Ist ...?
komm**e**	bin	komm**st**
meine	seine	ihre

Station 6

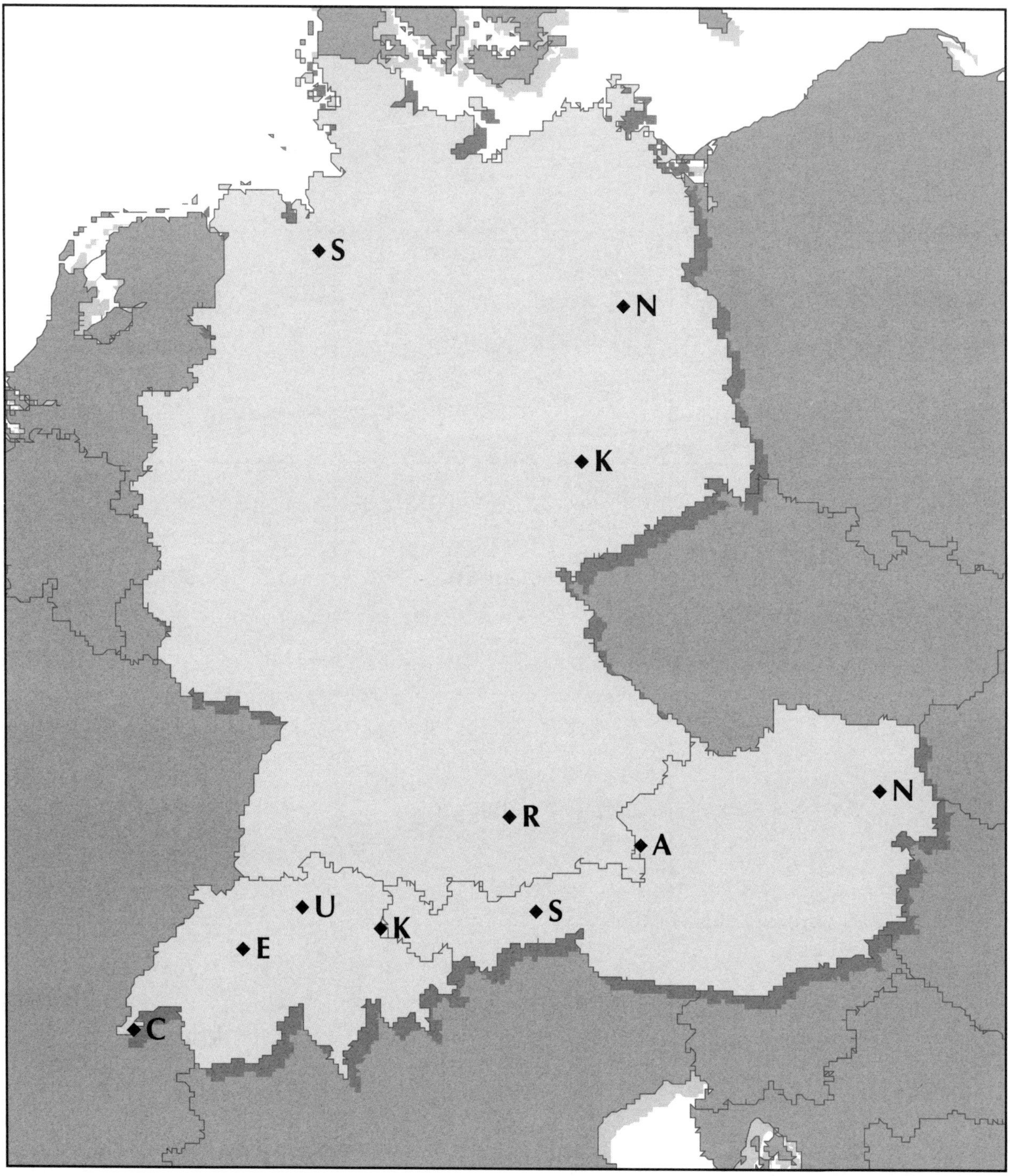

① Berlin
② Zürich
③ Bremen
④ Innsbruck
⑤ Vaduz
⑥ Wien
⑦ Salzburg
⑧ Genf
⑨ Leipzig
⑩ Bern
⑪ München

N										
①	②	③	④	⑤	⑥	⑦	⑧	⑨	⑩	⑪

Arbeitsblatt

Name ....

Klasse ....

Station 1

....

Station 2

Das ist ein ....

Station 3

Station 4

Station 5

....

....

....

....

....

Station 6

Visitenkarten – Rettungsringe, Kapitel III, Seite 80

• Conrado • Spanien • Madrid	• Paolo • Italien • Rom	• Carmen • die Schweiz • Bern
• Bernadett • Ungarn • Budapest	• Milena • die Slowakei • Bratislava	• Uli • Deutschland • Berlin
• Kuba • Polen • Warschau	• Paul • Österreich • Wien	• Anna • Liechtenstein • Vaduz
• Fischerstraße 19 • 7940182 • boo@t-online.de	• Lindenstraße 7 • 3415280 • harry@gmx.de	• Mickiewicz-Straße 56 • 5088631 • karol@o2.pl
• Tulpenstraße 85 • 8691015 • viki@web.de	• Moniuszki-Straße 112 • 4992703 • ewa@wp.pl	• Piastowska-Straße 1 • 6471975 • mata@onet.pl
• Mozartstraße 26 • 6452641 • wow@it.com.at	• Talstraße 38 • 6730273 • beno@aeb.ch	• Gartenstraße 10 • 6617479 • baer@bluewin.ch

Lerner-CD mit Liedern, Gedichten und Hörübungen aus dem Arbeitsbuch

Index AB – CD	Index LB – CD	Lektion/ Kapitel	Aufgabe/ Übung	Titel
1	1			Vorspann
2	3	AB 1	1	Wie klingen für dich deutsche Wörter?
3	8	3	3	Namenmelodie
4	9	4	1	Lied: Das deutsche ABC
5				Melodie zum Lied: Das deutsche ABC
6	10	4	1	Das deutsche Alphabet
7	11	4	3	Zungenbrecher
8	12	6	1	Deutsch oder nicht Deutsch?
9	14	AB 6	1	Was hörst du? Markiere.
10	15	AB 6	2	Was hörst du? Zeichne.
11	16	K I		Kleine Reime. Lied: Guten Morgen, good morning
12				Melodie zum Lied: Guten Morgen, good morning
13	17	K I		Naseweis: Ländernamen
14	18	K I		Bücherwurm: Abzählreime
15	19	K I		Meine Stärken: Ich kann beim Hören schon viel verstehen.
16	20	K I		Rettungsringe: Ich kann buchstabierte Wörter notieren. Spielt Bingo!
17	21	K I		Rettungsringe: Ich kann buchstabierte Wörter notieren. Hör zu und schreib auf!
18	30	K II		Kleine Reime. Lied: Mein Buch, das hat drei Seiten.
19	31	K II		Kleine Reime. Das Lied: Mein Buch, das hat drei Seiten. Singt mit.
20	32	K II		Bücherwurm: Ein Hase, der gern Bücher las.
21	33	K II		Meine Stärken: Ich kann meinen Lehrer im Deutschunterricht verstehen.
22	44	AB 16	3	Was ist das? Hör zu und verbinde.
23	45	AB 16	6	Was stimmt hier nicht?
24	47	AB 17	1	Spiele Bingo.
25	49	K III		Kleine Reime. Lied: Alle sind verschieden
26				Melodie zum Lied: Alle sind verschieden
27	50	K III		Bücherwurm: Eins, zwei drei
28	51	K III		Meine Stärken: Ich kann eine Personenbeschreibung verstehen.
29	61	K IV		Kleine Reime. Lied: Wenn sich die Igel küssen
30				Melodie zum Lied: Wenn sich die Igel küssen
31	62	K IV		Bücherwurm: Gauner – der freche Fuchs
32	63	K IV		Meine Stärken: Ich kann verstehen, was Leute über ihre Familie sagen.
33	64			Kunterbuntes. Gedicht: Der Herbst
34	65			Kunterbuntes. Gedicht: Laterne, Laterne
35				Melodie zum Lied: Laterne, Laterne
36	66			Kunterbuntes. Wintergedicht
37	67			Kunterbuntes. Gedicht: Ostern
38	68			Kunterbuntes. Gedicht: Ferien
39	69			Kunterbuntes. Lied: Es war eine Mutter
40				Melodie zum Lied: Es war eine Mutter